M. ARDOUIN 1972

EUGÈNE
DE NERVAL.
III.

EUGÈNE DE NERVAL,

OU

LE TUTEUR INFIDÈLE;

PAR Mme GUÉNARD DE MÉRÉ.

TOME TROISIEME.

PARIS,

LEROUGE, LIBRAIRE,

COUR DU COMMERCE, FAUBOURG SAINT-GERMAIN.

1814.

EUGÈNE DE NERVAL.

~~~~~~~~~~~~~~~~~~~~~~~~~~~~~~~~~~

CHAPITRE PREMIER.

———

On se rappelle le frère de mon père, cet oncle dont M. Brisard m'avait fait un si horrible portrait, M. de Méodas enfin, le père de Patrice et de Lesbie. On se souvient aussi de quelle manière le comte de Merville avait été éconduit de la maison que j'habitais ; on a encore présente ma profonde indifférence envers

III.   1

ceux qui devaient m'être d'autant plus chers, qu'ayant perdu mon père et ma mère, ils étaient les seuls qui pussent prendre un véritable intérêt à moi. Mais si je les avais complétement oubliés, il n'en était pas de même de M. de Méodas et de sa famille. Ils n'eurent pas plutôt reçu la lettre de l'oncle de ma belle tante, que persuadé qu'on n'avait pu m'inspirer un pareil éloignement pour mes parens, que par des vues criminelles, ils ne perdirent pas un instant pour se rendre en France, apportant avec eux les restes de mon malheureux père, et ils arrivèrent à Paris le jour même que ma blessure me fit rester chez Amélie, qui ne pensa pas plus que moi à en faire prévenir M. Brisard : moi , parce que je souffrais non seulement de ma blessure , mais plus encore de la crainte de perdre mon ami ; madame de Thémines , parce qu'elle croyait qu'on iguorait que j'avais passé ce temps près d'elle.

Qu'on se figure donc l'embarras de M. Brisard , lorsque rentrant chez lui pour dîner, il trouve établis dans son salon monsieur , madame de Méodas , Patrice et Lesbie ! Au premier coup d'œil, il reconnut son ancien maître, et ayant plus d'un sujet d'inquiétude , il eut toutes les peines du monde à cacher le trouble qui l'agitait. Où est mon

neveu? ce fut la première question de M. de Méodas au tuteur.
Il y répondit en homme qui se
sent coupable, et chercha aussitôt à pallier sa faute. — Je ne
sais, monsieur : M. votre neveu
n'est plus un enfant, je n'ai pas
cru devoir prolonger jusqu'à présent une surveillance que sa
bonne conduite rend inutile. Il
est lié avec la meilleure compagnie de Paris ; il passe son temps
aux exercices qui conviennent à
son rang, à sa fortune et chez
des femmes estimables : mais
dans ce moment, je ne sais où il
est. — Pourvu que vous ne nous
disiez pas, M. Brisard, qu'il est
parti pour les eaux, nous l'at-
tendrons.

Le tuteur vit bien que M. de Méodas n'était pas sans quelque ressentiment de la conduite qu'il avait tenue avec son oncle, mais il se garda de paraître s'en appercevoir, et quoiqu'il songeât aux moyens d'empêcher l'oncle et le neveu de se rapprocher, il ne manqua pas néanmoins d'offrir à mes parens de rester à dîner, pensant que peut-être je reviendrais sur les quatre heures. — Nous vous demandons non seulement à dîner, dit mon oncle, mais même un appartement dans cet hôtel que nous savons être à mon neveu. Je vous céderai le mien, reprit humblement M. Brisard, car il n'y en a pas de vacant, parce que je n'ai

pas cru devoir laisser le fond de
cette acquisition inutile jusqu'à
ce que M. votre neveu se marie.
— Vous avez eu raison, et si cela
ne vous gêne pas trop, nous ac-
cepterons ce que vous nous pro-
posez, ou mon neveu nous cé-
dera le sien, et vous lui ferez
monter un lit dans le vôtre; quand
on est jeune, on tient moins à ses
habitudes. M. Brisard vit bien
qu'il n'y avait aucun moyen de
l'empêcher de s'établir chez moi,
et il proposa aussitôt à ma tante
et à ma cousine de passer dans
mon appartement. Lesbie le
trouva charmant, ma tante parut prendre plaisir aux naïves
expressions de bonheur de sa
fille, en se trouvant dans un

lieu tout plein de ma présence ;
M. Brisard était fort peu content,
et d'autant moins qu'il ne pouvait se dissimuler que Lesbie
était d'une beanté remarquable
et qu'il aurait bien de la peine à
empêcher l'effet que ses charmes
auraient dû produire sur moi dès
la première vue.

Après avoir laissé ces dames
dans mon appartement, M. Brisard revint trouver mon oncle,
qui voulut entrer dans quelques
détails sur l'emploi des fonds
que mou père avait fait passer à
sa femme. M. Brisard dit que ses
comptes étaient en règle, qu'il
justifierait de ce qu'il avait reçu,
à ma majorité ; que d'ici là, on

n'avait rien à lui demander. Mon oncle n'insista pas. L'heure du dîner vint, je ne rentrai pas. Je ne me trouvai pas davantage au souper. Je ne vins pas plus coucher. Alors mon oncle commença à soupçonner quelqu'artifice dans la conduite de mon tuteur, et il lui demanda avec beaucoup de hauteur ce que signifiait cette fantaisie de me soustraire à mes plus proches parens. Hélas! monsieur, reprit M. Brisard, je vous jure que je n'ai point vu Eugène depuis votre arrivée, qu'il l'ignore entièrement, et que je ne sais ce qui l'empêche de rentrer ce soir. Peut-être a t-il été entraîné à la campagne, sans avoir eu le temps de m'en faire prévenir, mais il reviendra demain sans faute. Il engagea mon oncle à prendre quelque repos et lui n'en prit point ; car sans avoir l'idée que je serais plusieurs jours sans paraître, ce qui indisposerait infiniment M. de Méodas, il avait assez d'autres sujets d'alarmes dans le retour inopiné de mon oncle.

Dès six heures du matin, il sonna Bastien, pour savoir s'il pouvait imaginer où j'étais. — Hélas ! monsieur, depuis que Dubois est entré à son service, c'est lui qui est le confident intime. Eh bien ! fais venir Dubois. Dubois assura qu'il n'avait pas vu son maître de la journée, et s'offrit d'aller s'informer de ce qu'il était devenu. Mais par les raisons que nous avons rapportées plus haut, il ne put rien apprendre.

Lesbie à son réveil demanda si son cousin était rentré. — Non. Et elle soupira, car elle avait conservé pour moi une bien sincère amitié, et elle se faisait un extrême plaisir de me revoir. Quant à mon oncle, il écumait de colère contre M. Brisard, et ne lui laissait pas ignorer qu'il fallait qu'il me retrouvât, ou qu'il passerait fort mal son temps. Mon tuteur avait beau protester qu'il ne pouvait savoir où j'étais, mon

oncle ne voulait en rien croire ;
quand au bout de huit jours,
ma tante s'apercevant que Patrice et Lesbie étaient malades,
autant d'ennui que de chagrin
de ne me pas revoir, engagea
mon oncle à louer une maison
de campagne aux environs de Paris , tant pour y déposer les restes
de mon père, que pour dissiper
la mélancolie de ses enfans, étant
d'ailleurs persuadée que tout cela
n'était qu'un jeu joué entre moi
et Brisard, que dès qu'ils auraient
quitté l'hôtel, j'y viendrais, et
qu'alors mon oncle trouverait
bien le moyen de m'y surpren-
dre et de s'expliquer avec moi.
M. de Méodas approuva l'idée de

sa femme. Il trouva une fort belle maison à Passy, où ils s'établirent à la grande satisfaction de M. Brisard qui les eût voulu à cent lieues plus loin.

CHAPITRE II.

———

Cependant ses inquiétudes al-
laient croissant, et douze jours
s'étaient écoulés sans avoir la
moindre nouvelle de moi. M. Brisard se peignait les événemens
les plus sinistres. Mon oncle qui
venait tous les jours s'informer
s'il y avait quelques traces de
moi, avait changé d'opinion et
ne voyait plus dans cette longue
absence que le sujet des plus vi-
ves inquiétudes. Il venait pour
la trentième fois, savoir si on
avait quelque nouvelle, lorsqu'il
vit descendre d'une voiture de

place un jeune homme si pâle,
si triste et si faible, qu'il pouvait
à peine se soutenir sur ses jambes
et s'appuyait sur le bras du cocher, en attendant qu'on lui en
offrît un autre. Cependant à une
parfaite ressemblance avec mon
père, il le reconnut à l'instant et
sans se nommer, il lui offrit son
bras. Ce jeune homme, c'était
moi. Je l'acceptai comme j'eusse
accepté tout autre, et payant le
cocher, j'entrai avec M. de Méodas, que j'étais loin de croire
mon oncle; mais à peine avons-
nous mis un pied dans la cour,
que tous les domestiques accou-
rent, en criant : c'est lui ! c'est
lui ! Eh ! monsieur, où avez vous
donc été? Voilà M. votre oncle

qui vous attend depuis douze
jours. Ce bruit confus, ces marques de joie si opposés à l'état de
mon âme, le retour de cet oncle
que l'on m'avait peint sous les
plus sombres couleurs, me firent
une si terrible impression, que
ma blessure se rouvrit, et je tom-
bai baigné dans mon sang, ayant
perdu connaissance. Mon oncle
désespéré, ne put s'empêcher de
dire à mon tuteur : vous voyez,
monsieur, le bel effet de votre
indifférence sur la conduite de
mon neveu, il va mourir et vous
n'avez pas su depuis douze jours
où il était.

On me transporte sur mon lit.
On envoie chercher un chirurgien, qui, de nouveau bande ma

plaie et décide que ce qui m'a fait évanouir, c'est une hémorragie causée par la rupture d'un vaisseau percé d'outre en outre, par une arme tranchante, mais qu'il n'y a rien à craindre avec du repos et des soins. Effectivement je repris l'usage de mes sens, et me voyant dans les bras d'un homme que je ne connaissais pas, mais dont la physionomie était douce et noble, je désirai que quelque lien m'attachât à lui. Mon fils, mon cher Eugène, me dit-il, avec une extrême douceur, qui t'a mis dans l'état où je te retrouve? — La plus noire intrigue et ma sottise; mais dites-moi à votre tour, monsieur, ce qui peut vous inspirer autant d'intérêt pour quelqu'un qui n'a point l'honneur d'être connu de vous ? Car j'avais totalemen toublié ce que les cris d'allégresse de mes gens avaient dû m'apprendre au moment de mon arrivée, et c'était de la meilleure foi du monde que je désirais apprendre le nom de M. de Méodas.

Quoi ! Eugène, ton cœur ne te dit pas que je suis ton oncle, le frère de ton malheureux père ! j'ai traversé la mer pour te revoir, pour pleurer avec toi ton adorable mère, à qui je pardonne de tout mon cœur l'injustice dont elle a usé à ses derniers momens envers moi, parce que je suis bien certain que sa volonté n'y a pas eu de part, et qu'on a abusé de

III.

la faiblesse à laquelle sa maladie la réduisait, et la conduite de votre M. Brisard, depuis qu'il est votre tuteur, le prouve. — Monsieur, je suis très-reconnaissant de vos bontés, mais je ne dois pas l'être moins de l'attachement que M. Brisard me témoigne ; et s'il faut vous parler avec la franchise de mon caractère, je vous dirai, monsieur, que c'est moi seul qui ai déterminé ma mère à le nommer mon tuteur : car l'intention de madame de Nerval avait été de vous charger de la tutelle ; mais la crainte que vous ne me séparassiez de cet excellent homme, m'a fait demander avec larmes à ma mère, de lui donner des droits assez forts, pour que

nulle autorité ne pût les affai-
blir. — J'entends, Eugène, vous
avez craint de vous réunir à moi,
vous avez oublié Patrice, l'ami
de votre enfance, Lesbie que vous
aimiez avant de savoir distinguer
les sentimens de votre cœur. Vous
les aimiez enfin l'un et l'autre. Ils
ont voulu me suivre en France;
leur mère s'est séparée avec douleur de ses autres enfans; mais
comme elle a vu ceux-ci tellement décidés à me suivre, elle
n'a pu se résoudre à laisser partir
Lesbie sans elle. Jugez de leurs
alarmes depuis douze jours que
l'on vous cherche inutilement;
n'aurez-vous donc aucun plaisir
à les voir? — Dans la situation
où le destin m'a placé, rien ne

peut plus m'intéresser , et s'il ne me restait pas une faible espérance , je ne désirerais que la mort. Je vous supplie donc de me laisser à moi-même pendant quelque temps. Si mon sort change , j'aurai une véritable satisfaction à vous en faire part, à vous prier , monsieur , de me présenter à madame et à mademoiselle de Méodas : mais dans ce moment , je vous le répète , je ne serais pour elles qu'un objet de pitié et surtout fort ennuyeux. — En vérité, mon neveu , je ne te comprends point ; mais ce n'est pas l'instant d'entrer dans une plus grande explication qui pourrait te fatiguer ; je vais retourner à Passy, apprendre à Patrice et à Lesbie,

que tu es retrouvé , et je me gar-
derai bien de leur dire un mot
de toutes tes phrases cérémo-
nieuses auxquelles les pauvres
enfans n'entendraient rien. Demain ils viendront te voir, et
quand tu connaîtras ma Lesbie ,
(je dis connaître, car tu l'as ou-
bliée ,) tu changeras de langage ,
ou je serais bien surpris. Et
m'ayant recommandé aux soins
d'une garde qu'on m'avait donnée , il me quitta.

~~~~~~~~~~~~~~~~~~~~~~~~~~~~~~

CHAPITRE III.

———

Monsieur Brisard, que mon oncle salua en passant d'une manière assez leste, était toujours resté dans ma chambre, mais s'était éloigné de mon lit assez pour ne point paraître importun : il s'en rapprocha dès que M. de Méodas fut sorti de ma chambre. Que j'avais, lui dis-je, de désir de me retrouver seul avec vous ! que mon cœur a besoin de s'épancher dans le vôtre ! Vous voyez, mon cher ami, le plus infortuné des hommes. Alors je lui racontai dans le plus grand détail tout ce qui s'était passé depuis la fatale visite que j'avais eu l'imprudence de faire à madame Duvelder, jusqu'au moment où je m'évanouis chez madame de Thémines. Il m'écoutait sans m'interrompre.

J'ajoutai : jamais on ne reçut des témoignages d'amour plus touchans que ceux dont Amélie m'a comblé. Aux premiers momens, je ne cache pas que je savais gré à St.-Firmin de m'avoir blessé, puisque c'était pour moi une occasion précieuse de juger le cœur de cette adorable femme; et sans l'inquiétude mortelle que me donnait la santé de mon ami, jamais je n'aurais été si heureux. Mais le troisième jour, je trouvai Amélie d'un changement affreux. Il était aisé de voir qu'elle avait pleuré. Sa pâleur, son abattement, la trace de ses larmes, tout me fit croire que St. Firmin était mort : alors je m'abandonnai au plus affreux désespoir. Amélie m'assura avec serment que je me trompais, qu'au contraire les médecins répondaient de sa vie. J'interrogeai madame de Thémines sur la cause de sa douleur. Elle me persuada que je m'abusais, qu'elle n'avait aucun sujet d'en avoir et prit tellement sur elle, que je restai depuis ce moment dans la plus parfaite sécurité : elle hâta mon rétablissement plus que je n'aurais voulu. Les chirurgiens décidèrent que dans trois jours, je pourrais sortir sans aucun inconvénient. Je regardais ce moment comme devant m'enlever une partie de mon bonheur; mais aussi j'avais tant de désir de revoir St.-Firmin , de le désabuser et de lui prouver mon innocence , que je ne réclamai point contre l'avis des docteurs , et d'ailleurs je m'apercevais que madame de Thémines tombait quelquefois dans la plus sombre rêverie. Je me persuadais que , se défiant de sa vertu , mon séjour chez elle commençait à l'embarrasser , et bien sûre de la voir chaque jour , je ne voulais pas d'un bonheur qui finirait par la compromettre. Mais hélas ! que

j'étais loin de pressentir mon
malheur !

Ce matin son valet de chambre
en habit de voyage entre dans
mon cabinet, me remet une lettre et me laisse aussitôt. Au même
instant, j'entends une voiture
qui sort de la cour et des coups
de fouet de poste. Je tenais cette
lettre dont l'adresse était écrite
de la main de madame de Thémines. Un tremblement univer-
sel s'empare de moi. Oh Dieu !
m'écriai je, Amélie me fuirait-
elle ! Je pouvais m'en éclaircir
aussitôt en ouvrant cette lettre,
et je n'en avais pas le courage ;
un voile couvrait mes yeux, mes
genoux fléchissaient ; je fus obligé
de m'asseoir. Enfin voulant me

tirer de l'affreuse incertitude où j'étais, je rompis le cachet. L'enveloppe contenait une lettre de madame Duvelder, dont je reconnus l'écriture; je la tirai de mon porte feuille et la remis à M. Brisard : on sait ce qu'elle contenait. Je la lus avec une indignation qu'il est impossible d'exprimer. Oh quel monstre! me disais je; mais est-il possible que madame de Thémines n'ait pas cherché à s'expliquer avec moi. Voilà donc le sujet de ses larmes, et je me hâtai de lire le billet que mon amie avait joint à cette infernale production. Le voici : je lus à mon tuteur ce qui suit.

Billet de madame de Thémines,
à Eugène de Nerval.

Paris, le 11 juin 1785.

« Lorsque vous m'avez deman-
dé, Eugène, le sujet des larmes
que j'ai eu la faiblesse de verser,
je n'ai pas cru devoir vous l'apprendre, parce que j'ai craint
peut-être bien à tort, qu'en vous
en instruisant, votre santé qui
était encore chancelante, n'en
fût altérée ; mais à présent que
vous êtes en état de retourner
chez vous, je vais en vous en-
voyant la lettre de la femme à
qui vous m'avez sacrifiée, vous
instruire de ce que j'ai le droit

d'exiger. Je serai partie pour mes terres au moment où vous recevrez celle-ci. Là , je pourrai au moins gémir en liberté du malheur de vous avoir aimé. Je vous prie de ne faire aucune démarche pour me voir , vous me forceriez à quitter la France, et il doit vous suffire de m'avoir enlevé le repos et ma réputation. Laissez - moi , au moins , mourir en paix dans ma patrie : puissiez - vous y jouir d'un sort heureux , et oublier celle qui avait cru imprudemment à vos promesses trompeuses »!

Des sanglots coupaient ma voix en lisant cette lettre , et je ne m'apercevais pas qu'elle ne faisait aucune impression sur

M. Brisard ; que dis-je , si j'avais été capable d'observer en ce moment , j'aurais vu qu'il éprouvait une joie sensible : car rien ne pouvait mieux servir ses projets. Eh quoi ! me dit-il , mon cher Eugène , vous vous laissez ainsi abattre ! Si madame de Thémines n'était pas pour vous le parti le plus avantageux que vous pussiez espérer , et que ce ne fût qu'une intrigue ordinaire, je vous dirais : laissez la belle se consumer de regrets dans son château, jusqu'à ce qu'un nouveau chevalier vous fasse oublier : mais ici c'est bien différent ; Amélie réunit tout ce qui peut rendre une femme intéressante. Beauté, naissance , esprit , fortune immense,

il ne faut pas manquer de sem-
blables avantages ; et sans perdre
un moment, mon cher Eugène,
il faut partir. — Quoi! lui dis-je,
en l'embrassant, vous croyez que
malgré ses ordres, je dois la suivre. — Eh! certainement, mon
ami : elle ne vous défend de partir, que comme la dernière ressource que lui offre l'amour propre, si en effet vous n'en avez
pas le projet, mais soyez sûre
qu'elle désire autant que vous de
vous revoir, et surtout de vous
arracher à la séduction de madame Duvelder. — Partons, lui
dis je. Quant à moi, reprit Brisard, cela m'est impossible : que
vous dirait votre oncle? mais je
donnerai Bastien qui aura soin

de vous. Prenez, dit-il, l'écrin de votre mère qui peut vous être utile, j'y ajouterai cinq cents louis. Cependant avant de partir, pensez à ce que diront M. de Méodas et la belle Lesbie. — Et que m'importe ! — M. Brisard plein de zèle pour ses propres intérêts, mit une telle activité aux préparatifs de mon départ, que je fus en chaise de poste à trois heures du matin avec les cinq cents louis et l'écrin à moitié vide, mais qu'au fait, j'étais bien-aise d'emporter, pour que mon tuteur ne s'aperçût pas de ce qui y manquait.

~~~~~~~~~~~~~~~~~~~~~~~~~~~~~

CHAPITRE IV.

———

JE ne rendrai point compte de ce que j'éprouvai dans ce voyage : je n'avais qu'une pensée, celle d'arriver à Verneuil, d'obtenir mon pardon, ou plutôt de prouver mon innocence à Amélie. Mais du reste, ma santé était si mauvaise, que mon âme, accablée par les souffrances de mon corps, ne pouvait s'arrêter à aucune autre idée. Je savais qu'il fallait arriver pour voir Amélie, et je pressais inutilement les postillons, quoique les mouvemens rapides de la voiture me fissent

infiniment de mal. Bastien qui
était avec moi dans la voiture,
s'apercevait de mon extrême
changement, et m'a dit depuis
qu'il avait regardé notre arrivée
à Grenoble comme un miracle.
Il voulait absolument que nous
nous arrêtassions à Moulins, me
trouvant beaucoup de fièvre,
mais je lui signifiai que je voulais continuer ma route, et que
s'il cherchait à me contrarier,
je le laisserais là et partirais seul.
Il savait que je l'aurais fait comme
je le disais, il se tut donc et em-
ploya tous ses soins à me procurer, lorsque l'on relayait, des ali-
mens doux et légers. Malgré
ces précautions, je n'arrivai pas
moins à Grenoble dans une si-

tuation déplorable. Il fallait faire encore dix lieues pour être à Verneuil. Je n'avais pas voulu me coucher depuis mon départ, j'avais peu dormi, cependant je m'étais assoupi avant d'arriver à Grenoble où je devais dîner. Mon courrier avait devancé ma chaise, de deux postes, et m'avait fait préparer un potage au riz et une volaille. Pendant que Bastien payait les postillons, il vint à la portière pour m'engager à descendre de voiture, tout étant prêt. Il dort, dit St.-Louis à Bastien. — Monsieur, votre dîner est servi. Je ne réponds pas. — Monsieur, voulez - vous venir dîner? Point de réponse. Bastien inquiet me prend par la main, il la trouve froide et sans mouvement. — Ah! mon Dieu, il est mort! j'entendis ces exclamations, il ne fut pas en mon pouvoir de leur dire qu'ils étaient dans l'erreur, et il fallut, quoique j'eusse parfaitement ma connaissance, me laisser porter par mes gens, comme un être privé de la vie. Ce qui était plus piquant pour moi, c'est que je sentais que si je ne trouvais pas un moyen de sortir de cet état, on pourrait fort bien me rendre le service trop prématuré de m'ensevelir de mon vivant; car j'entendais tellement retentir autour de moi: il est mort, il est mort; je les en voyais si persuadés, qu'ils auraient pu me le persuader à moi-même. Cependant pour la forme, on fait venir un chirurgien qui m'ouvre la veine : point de sang. C'est malheureux, dit-il, mais il n'y a rien à faire, il est mort. Peste soit de l'animal, disais-je en moi-même. Bastien pleurait comme un enfant, et je lui savais bon gré de son attachement. St.-Louis qui avait couru sans s'arrêter depuis Paris, était si las, qu'il ne voulut pas souper et alla se coucher. La maîtresse de l'auberge avait fait prévenir les Confrères de la mort, qui vinrent s'emparer de moi et commencèrent leurs lugubres prières, qui, peu à-peu endormirent complétement Bastien, car celui-ci pour ne pas abandonner ma cassette, qu'il savait être fort précieuse, n'avait pas voulu quitter ma chambre. Peu-à-peu les Confrères allèrent se coucher. Il ne resta plus que le frère Ambroise, cordonnier de son métier, et l'un des plus zélés Confrères de la mort.

~~~~~~~~~~~~~~~~~~~~~~~~~~~~~~~~~~~~

CHAPITRE V.

———

AMBROISE avait un faible que son amour pour servir les défunts, rendait très-fâcheux. Ambroise était le plus poltron des hommes, et surtout pour tout ce qui tenait au merveilleux. Il croyait aux sorciers, aux revenans, aux esprits follets, enfin à tout ce que la sottise inventa pour tourmenter les pauvres humains. Il avait vu avec grand plaisir que Bastien restait dans la chambre de son maître, car il ne se serait pas trouvé la force de rester la nuit tête à tête avec un mort, et toujours quand il se rendait dans une maison pour remplir le pieux devoir de veiller un trépassé, il avait grand soin de s'informer s'il se trouverait quelque bonne âme, soit parmi les parens, les voisins ou les domestiques, qui voudrait bien passer la nuit en tiers avec lui.

S'il arrivait qu'on le laissât seul, il prétextait un mal de dents ou une douleur de rhumatisme qui ne lui permettait pas de rester. Il fit l'impossible pour réveiller Bastien, dont le ronflement lui causait une sorte de crainte. Il croyait toujours que c'était moi qui venais lui demander des prières : je le voyais frissonner; à chaque instant se lever, se ras-

seoir, allonger le col pour voir
si j'étais toujours là , et si le dia-
ble ne m'avait pas emporté. Enfin
surmontant sa frayeur , il se dit
assez haut pour que je l'enten-
disse : allons, Ambroise, du courage , ensevelissons ce cadavre ;
si je ne puis en venir à bout tout
seul , je réveillerai M. son valet
de chambre , quitte à partager
avec lui les vêtemens du mort,
que j'aimerais pourtant bien
mieux avoir à moi tout seul : allons, Ambroise, allons; c'est une
bonne aubaine qu'il ne faut pas
manquer, et il s'approcha de mon
lit. Comme il levait le drap qui
me couvrait , je repris tout-à-
coup la faculté d'agir , et le premier usage que j'en fis , fut d'ap-

III.   3

pliquer à mons Ambroise, le plus
beau soufflet qu'il eût jamais reçu, quoique je présume qu'il en
recevait assez souvent.

Jamais homme n'eut une plus
belle peur. Il fit, en s'enfuyant,
des hurlemens qui furent enten-
dus de toute la maison. La ser-
vante qui veillait dans la cuisine
pour attendre la diligence, le
voyant entrer l'air égaré, crut
que c'était moi et s'enfuit dans la
chambre de sa maîtresse, en
criant : c'est lui, madame, c'est
le mort ! madame Tardé, (c'était
le nom de l'hôtesse,) au premier moment se fourre la tête
sous sa couverture. Mais les cris
de Thérèse redoublent : le voilà,
madame, le voilà ! il va me tor-

dre le col! madame Tardé lève
un petit coin de son drap, et à
la lumière de sa lampe, voit dis-
tinctement que c'est Ambroise.
Elle se rassure, lui demande ce
qu'il veut, et apprend enfin de
lui qu'il a reçu un soufflet du
mort. Bon! dit madame Tardé,
c'est la preuve qu'il ne l'est pas;
tant mieux, c'est un si beau
jeune homme! (1) c'eût été bien
malheureux qu'il fût réellement
mort; se jetant en bas de son lit,
elle passe un jupon, et repoussant
Thérèse et Ambroise qui vou-

_____

(1) On me pardonnera de rapporter ces
louanges de madame Tardé: on se souvient
qu'il y a près de 30 ans que ceci se passait.

laient l'empêcher de passer, elle allume une chandelle et arrive dans ma chambre où elle trouve Bastien que les cris d'Ambroise avaient réveillé, et qui était fort embarrassé pour bander le bras dont on m'avait saigné. Le sang qui n'avait pas coulé alors, dès que j'avais repris le mouvement avait jailli, et Bastien avait, comme je le dis, toutes les peines du monde à l'arrêter.

Madame Tardé enchantée de me voir en vie, me dit mille choses affectueuses, car c'était une excellente femme que madame Tardé. Tout ce qui était dans l'auberge arriva successivement dans ma chambre, à l'exception d'Ambroise et de Thérèse , que la frayeur enchaînait à la même place où madame Tardé les avait laissés. Chacun me félicita sur ma résurrection, mais personne ne le fit avec plus d'affection qu'un homme d'environ quarante-cinq ans, d'une fort belle figure , qui me dit : je suis arrivé il y a environ une heure ; on m'avait conté votre douloureuse aventure; j'y avais pris part : la mort d'un jeune homme est un malheur général , mais enfin vous voilà revenu, et vous avez bien fait ; dites-moi qui avait pu causer cet accident ? — Ah! monsieur, dit Bastien , une grande imprudence. Monsieur relevait d'une forte maladie , il est parti avant hier de Paris , et sans s'arrêter il est venu ici. — C'est comme vous le dites, une grande imprudence , mais avec du repos elle se réparera. — Avec du repos , repris-je en soupirant , et puis-je en avoir, tant.... Je m'arrêtai. — Il le faut, reprit M. de Sangis , car sûrement nous ne vous laisserons pas vous remettre en route , je vous garde à vue. Je devais aller demain à Verneuil , chez madame la baronne de Thémines , mais je lui écrirai le sujet qui me retient et elle m'excusera. — Quoi , monsieur , vous connaissez madame de Thémines ? — Oui , monsieur , c'est moi qui ai dirigé ses études pour la peinture , et comme elle doit rester plusieurs mois dans sa terre, elle m'a fait promettre, en passant à Lyon où j'habite, de venir quelque temps chez elle, pour l'aider à dessiner un meuble qu'elle veut broder ; mais comme je vous le dis, quelques jours de retard ne feront rien, et je ne vous quitte pas que vous ne soyez rétabli. Tout autre qui m'en eût dit autant, m'aurait rudement impatienté ; mais M. de Sangis connaissait Amélie, il pouvait me servir auprès d'elle. Je me gardai donc bien de rejeter ses offres de service, et j'acceptai volontiers qu'il fit faire son lit dans ma chambre. J'étais si faible que je ne pouvais quitter le mien.

On fit apporter le souper dans

ma chambre. Le couvert fut mis près de mon lit, et madame Tardé, qui y avait présidé, me voyant manger de bon appétit, disait : quel bonheur que ce beau jeune homme ne soit pas mort !

CHAPITRE VI.

Monsieur de Sangis était un artiste, qui, sans être de ceux dont le nom donne l'idée de la célébrité, avait beaucoup de talent. Mais étant né à Lyon où était toute sa famille, après ses premières études tant à Paris qu'à Rome, il s'était fixé dans sa ville natale ; connu des premiers fabricants d'étoffe de soie, il composait pour eux ces riches dessins qui ont été si long-temps une branche importante de notre commerce. Il donnait aussi des leçons, et c'était en effet lui qui

3.

avait été le maître d'Amélie, lorsqu'elle était au couvent des Ur-
sulines à Lyon. Il s'était singulièrement attaché à elle, comme
tout ce qui avait le bonheur de
l'approcher. On pense bien que
je ramenai bientôt la conversation sur madame de Thémines.
M. de Sangis m'en parla avec un
éloge qui n'ajoutait rien à mon
idolâtrie pour elle, mais qui me
faisait un plaisir extrême.

Ah ! Monsieur, me disait-il,
si vous connaissiez particulière-
ment madame de Thémines , il
vous serait impossible de ne pas
l'adorer. C'est la Diane anti-
que, avec cependant l'expression
d'une vertu aussi pure , mais
moins dédaigneuse. Elle peint

à ravir, est instruite, et sans pédantisme. Ah! monsieur, c'est une femme charmante, généreuse, compatissante... Croiriezvous qu'il y a dans cette ville plus de dix familles nobles qu'elle fait subsister, en leur faisant accroire qu'elle reçoit pour eux des gratifications de la cour? Je m'en suis informé, pas un mot de vrai, c'est seulement pour ménager leur amour propre. Eh bien! au milieu de tout cela, elle n'est pas heureuse. Lorsqu'elle a passé à Lyon, je l'ai trouvée changée. En partant pour Paris, elle avait dit qu'elle y resterait deux ans. Il y avait à peine un an qu'elle y était, quand elle est revenue ici. Ses gens ont dit à mon valet qu'on

ne s'y attendait point ; que le soir
elle a dit : demain je pars pour
Verneuil. — Oui , répondis-je en
soupirant , elle est partie bien
promptement. — Vous la connaissez donc ? — Beaucoup. —
Et vous ne disiez rien ! moi je
vous contois ce que vous savez
peut-être aussi bien que moi. —
Oui , mais qu'on a tant de
plaisir à entendre. — Mais si
vous la connaissez , que n'allez-
vous à Verneuil , vous y pren-
driez le temps de vous rétablir?
Là tous les secours ne vous man-
queraient pas , car la baronne
a un médecin , un chirurgien
qu'elle paye à l'année pour les
pauvres habitans. Elle a une
pharmacie parfaitement montée

et deux sœurs grises, à qui elle
a donné une charmante maison
avec un grand clos. Je ne pus
m'empêcher d'admirer la mo-
destie de madame de Thémines,
en me rappelant que jamais dans
les lettres qu'elle me donnait à
lire de Verneuil, ou de ses autres
terres, il n'y était question de
ces objets. Elle avait sûrement
soin d'effacer les phrases qui y
avaient rapport, et en effet je me
rappelai que dans presque toutes, je trouvais des ratures de
trois ou quatre lignes.

Comme M. de Sangis me pres-
sait de venir avec lui à Verneuil,
je lui dis : monsieur, je suis si
faible encore ce soir, qu'il me
serait impossible d'entrer dans

les détails des causes de mon
voyage. Mais demain si vous res-
tez ici , je vous les expliquerai ,
et vous verrez que je ne puis dans
cet instant partir pour Verneuil.
— Vous pouvez compter que je
ne vous quitterai pas que vous
ne soyez rétabli ; ainsi vous aurez tout le temps de m'instruire
de ce que je désire savoir , non
par curiosité , mais parce que
vous m'avez inspiré beaucoup
d'intérêt, et que je désirerais vous
être de quelqu'utilité. — Vous
pouvez, lui dis-je , me rendre de
très-grands services. — Je le désire. Il me souhaita le bon soir
et se coucha. Pour moi , je m'endormis , bénissant mon étoile
qui m'avait fait rencontrer M. de

Sangis, et ne me souvenant pas plus de St.-Firmin , de sa maîtresse , de M. Brisard, de M. de Méodas, de Lesbie , du juif Jacob, que si je n'en avais jamais entendu parler.

———

CHAPITRE VII.

Parmi tous ceux-là cependant,
il y en avait peu qui ne se sou
vinssent de moi : les uns pou
bénir mon absence, les autre
pour déplorer mon départ, e
ainsi sont faits les hommes : l
même action leur plaît ou leu
déplaît suivant qu'elle flatte o
blesse leurs passions. Il n'en es
pas moins certain que ce dépar
fit un singulier effet, et tandi
que je dors dans l'auberge d
Lion d'or à Grenoble, chez l
bonne madame Tardé, lecteur
venez voir ce qui se passait, ru

du faubourg St.-Honoré, à l'hôte
de Nerval.

M. de Méodas était revenu dè
le soir à Passy, où on avait appri
mon retour avec une joie extrê
me. Cependant cette blessur
causait des inquiétudes très vive
à ma cousine. Rien n'intéresse a
tant les jeunes personnes qu'u
combat singulier, elles y atta
chent beaucoup plus d'impor
tance qu'il n'en mérite : car s
l'honneur défend de le refuser
la raison presque toujours le con
damne; cette inconséquence dan
nos mœurs subsistera toujours
et n'en sera pas moins une in
conséquence. Mais enfin pou
une jeune personne, c'est un
sorte d'héroïsme, c'est d'ailleur

une preuve que l'on n'est plus un enfant, et de ce moment Lesbie mit plus de réserve dans l'aveu de ses sentimens pour moi, et ils n'en devinrent que plus tendres.

Ma tante qui n'avait pas les mêmes raisons que Lesbie de cacher l'intérêt qu'elle daignait prendre à moi, dit à son mari, qu'elle voulait partir dès le point du jour, pour être à Paris à mon réveil. Comme on était aux plus grands jours de l'année, M. de Méodas lui observa qu'elle serait alors au faubourg St. - Honoré à quatre heures du matin, et que sûrement il n'y aurait personne de levé à l'hôtel.

Ma tante convint, qu'en effet,

ce serait beaucoup trop tôt , et
elle consentit, non sans peine, à
ne partir qu'à six heures.

Il n'était donc pas sept heures
quand ils arrivèrent chez moi ;
on se souvient que j'étais parti à
trois heures après minuit; que
M. Brisard ne s'était pas couché
qu'il n'eût été certain que mon
oncle ne me retrouverait pas à
Paris, et en se couchant à quatre
heures , il avait recommandé que
pour quoi que ce fût , on n'en-
trât pas dans sa chambre avant
dix heures du matin , heure à
laquelle M. de Méodas venait
ordinairement de Passy. Les gens
qui avaient aussi été sur pied , se
couchèrent et dormaient aussi

profondément que mon cher tuteur.

La voiture de M. de Méodas
s'arrête devant la porte. On frappe , personne n'ouvre , on frappe
encore , même silence. M. de
Méodas qui commençait à s'im-
patienter , donne ordre qu'on re-
double. Alors le Suisse se lève ,
ouvre une petite fenêtre qui donnait de sa loge dans la rue et dit
qu'il avait ordre de n'ouvrir qu'à
dix heures. — Qu'est-ce que cela
signifie , dit mon oncle en jurant:
mais la petite fenêtre était refer-
mée , le Suisse recouché , et pour
tout l'or du monde , il n'eût pas
ouvert. Ma tante, aussi douce ,
aussi patiente que mon oncle

était violent, le détermina à retourner au bois de Boulogne,
pour y attendre le réveil de ceux
qui habitaient ce palais du som-
meil.

CHAPITRE VIII.

FRIBOURG avait parfaitement re-
connu la livrée de mon oncle,
et son grand nègre; il savait très-
bien que c'était à lui qu'il avait
défendu la porte; mais il savait
aussi que M. Brisard n'avait pas
pour lui une amitié bien tendre.
J'étais parti, ainsi il n'y avait
pas grand mal à le renvoyer; cependant il le dit au laquais de
mon tuteur, et celui-ci espérait
bien inutilement que M. de Méodas ne reviendrait pas. En tout
état de cause, il se hâta de sortir
par la porte qui donnait sur les

Champs Elysées , et fit dire au Suisse qu'il était sorti, et que j'étais parti pour un très - grand voyage.

Il y avait à peine cinq minutes qu'il était dehors, quand M. et madame de Méodas, Patrice et Lesbie arrivent. Pour cette fois, la porte s'ouvrit au premier coup de marteau, mais Zamor revint un moment après, dire à son maître que M. Brisard n'y était pas. Eh! que m'importe! reprit mon oncle, c'est mon neveu que je demande. Zamor retourne, et revient en disant à son maître : monsieur, il est parti pour un très-grand voyage. — Comment, morbleu, il est parti, te moques-tu de moi ? — Dieu m'en préserve, mon maître, mais c'est ainsi que M. Fribourg l'a dit à moi. — Fais venir cet imperti-nent; non, non, ouvre la por-tière, je vais descendre, je lui parlerai plus commodément dans sa loge; et mon oncle vint lui-même chez Fribourg, pour qu'il lui expliquât ce qu'il ne pouvait comprendre. Fribourg le reçut avec tout le respect possible. — Monsieur, j'ai dit la vérité, M. Brisard sorti, M. le comte en *voyage*. Mais mon cher Fribourg, vous ne me ferez pas croire, que mon neveu qui était mourant hier, soit parti ce matin pour faire un grand voyage. — C'est pourtant, monsieur, la *férité* toute pure. — Et où est-il allé?

— *Che* ne sais, tout ce que je sais, on a *tit* pourtant *pien* d'autres choses. — Et qu'a-t-on dit? Parlez, parlez. — Ah! vous êtes *pien vive*, monsieur, je vous *tirai* que on *tit* que la maîtresse de M. Eugène, pour qui il s'était *patu*, est allée dans son château pien loin, pien loin, et que M. Eugène court après. — Est-il possible d'être plus extravagant! et M. Brisard le sait? — Oh! oui, monsieur, c'est lui-même qui a mis M. Eugène en voiture. — Et il est sorti? — Oui, foi d'homme d'honneur. — Et sait-on quand il rentrera? — *Che* n'en sais rien.

Mon oncle vint retrouver ses dames, remonta en voiture, leur

III.   4

raconta mot pour mot ce que Fribourg venait de lui dire. Ma
tante s'écria : je le savais bien
qu'il fallait venir de grand matin, je m'en doutais. — Il est
parti à trois heures, pouviez-vous
être ici avant le jour? cela n'était
pas possible. Lesbie répétait dou-
loureusement ; pourquoi nous
fuir, quand nous avons passé
les mers pour lui? Ah! Eugène,
disait Patrice, je n'aurais jamais
pensé que nous vous fussions si
indifférens. — A quoi vous dé-
cidez - vous? reprit mon oncle.
— A retourner à Passy. — Je
crois que c'est ce que vous avez
de mieux à faire pour vous; mais
pour moi, j'attendrai M. Brisard.
Il faut que je m'explique avec

lui, les choses ne peuvent pas en demeurer là.

Madame de Méodas et Patrice reprirent le chemin de Passy. — Mon oncle entra dans un café en face de l'hôtel, et il envoya Zamor dans les Champs-Elysées, pour observer si M. Brisard rentrait par cette porte. Oui, disait-il à ses dames avant de s'en séparer, je veux avoir raison de cette conduite, et dût-il m'y forcer, j'irai jusqu'au pied du trône. Va, ma Lesbie, console-toi, il reconnaîtra son erreur, et les amis de son enfance reprendront leurs places dans son cœur. Lesbie soupira et ses beaux yeux se remplirent de larmes.

M. de Méodas attendit près de

trois heures , sans apercevoir
M Brisard , quand enfin Zamor
vint l'assurer que mon tuteur
était rentré par la porte du jardin.
Alors mon oncle envoya dire qu'il
était sûr que M. Brisard était chez
lui , qu'il demandait à lui parler.
On soutint que l'on s'était trompé , qu'il n'y était pas ; alors mon
oncle écrivit en ces termes à mon
très-honoré tuteur.

Billet de M. de Méodas , à M. Brisard.

Ce lundi, 14 juin 1785.

MONSIEUR Brisard veut-il me
recevoir chez lui , ou veut-il que
je le fasse demander chez M. le
lieutenant civil? Qu'il choisisse

d'ici à un quart-d'heure : j'attends une réponse positive.

DE MÉODAS.

Mon tuteur eut peur. Il savait tout ce qu'il avait à redouter de mon oncle. Il fit donc prier M. de Méodas de venir, et l'attendit non sans quelque crainte sur le sujet de cet entretien.

CHAPITRE IX.

MONSIEUR de Méodas avait une figure très-imposante. La pureté de ses motifs le rendait bien fort, et tout annonçait dans sa personne une volonté ferme de faire valoir ses droits.

M. Brisard n'ayant eu à faire depuis sept ans, qu'à une femme mourante et à un jeune étourdi, n'avait pas eu grande peine à les subjuguer, mais ici c'était bien différent. M. de Méodas réunissait aux vertus les plus éminentes une force de caractère, qui préparait à mon tuteur de grands embarras. Cependant il fallait faire tête à l'orage. Ce fut la seule chose dont il s'occupa, laissant à d'autres temps d'employer des moyens plus efficaces, pour se délivrer de lui. Il attendit donc de pied ferme mon oncle, qui commença par lui demander s'il se souvenait de la misère d'où il l'avait tiré. — Et où peut-être vous m'eussiez réplongé sans la générosité de M. votre frère. Cette réponse déconcerta un peu mon oncle, comme il me l'a dit depuis, en me rapportant cette conversation ; parce qu'en effet le caractère de M. Brisard ne convenait pas à ma tante : elle avait engagé son époux à le renvoyer, et ce fut mon père qui le recueillit et fit sa fortune. Il n'en est pas moins vrai , reprit M. de Méodas , que vous devez tout à ma famille. — J'en fais gloire et crois avoir prouvé ma reconnaissance en toute occasion , et surtout depuis que je suis chargé , bien malgré moi , de la tutelle d'Eugène. Quelles peines, quelles contradictions n'ai-je pas éprouvées ! encore cette nuit , n'ai-je pas été au moment de le voir se porter aux derniers excès? il était prêt à se brûler la cervelle. — Vous pouviez lui ôter ses armes. — Il se serait donné la mort avant qu'on les eût enlevées. Mais enfin je suis parvenu à le calmer , à lui rendre l'espérance ; il est vrai qu'il éprouvait un malheur qui

n'a point d'exemple. Alors il raconta à mon oncle tout ce qui
s'était passé entre St. - Firmin,
madame Duvelder et madame
de Thémines ; peignit celle - ci
sous les plus belles couleurs, et
finit par dire à mon oncle qui
l'écoutait sans l'interrompre : je
crois, monsieur, que la famille
peut m'avoir quelqu'obligation
d'avoir lié Eugène avec cette
adorable femme. (1) Le pauvre
jeune-homme était donc au dé-

(1) On sait bien que Brisard n'avait été
pour rien dans ma liaison avec Amélie ; mais
le cher homme mentait avec une facilité
singulière, quand il s'agissait de ses intérêts.

4.

sespoir du départ de la baronne,
et se croyait perdu, sans ressource, dans son esprit. Je n'ai trouvé
rien de mieux que de le faire partir sur-le-champ. Je suis persuadé qu'il la rejoindra en route.
Dès qu'ils se seront vus, tout
s'expliquera. Comme madame
de Thémines est aussi sage que
belle, elle sentira que la démarche de M. de Nerval la compro-
mettrait si elle n'en faisait pas
son époux, et alors le pauvre Eugène se trouvera possesseur d'une
des plus belles femmes de Paris,
pleine d'esprit, de grâces, de
talens, avec trois cents mille livres de rentes. Croyez-vous,
monsieur, que je lui aurai fait
faire une si mauvaise affaire? —

Mon neveu est assez riche pour
ne pas chercher une aussi grande
fortune ; mais quand elle se
trouve jointe à tant de qualités
éminentes, elle ne gâte rien. —
Je le crois ; pensez donc, monsieur, où n'ira pas M. de Nerval
avec des revenus pareils ! il sera
colonel dès qu'il aura l'âge, gou-
verneur de province, maréchal
de France, que sais-je. — Vous
allez vite, mon cher M. Brisard,
il n'est encore que Chevau - Légers ; mais sans vous contrarier
sur les espérances de grandeur
de votre pupille, tout cela ne
faisait pas une raison pour qu'il
partît sans me faire avertir, je
ne m'y serais pas opposé : c'était
au moins une déférence que l'on

me devait. — Eh ! monsieur,
pendant qu'on aurait été à Passy,
il se serait brisé la tête contre les
murs. Vous ne le connaissez pas :
c'est le jeune homme le plus en-
têté que je connaisse, une vio-
lence dans ses désirs. — Il faisait craindre ces défauts-là dans
son enfance, et puis ma sœur le
gâtait. — Ah ! monsieur, qui
le sait mieux que moi ! c'est le
seul reproche que l'on puisse
faire à la mémoire de madame
de Nerval. Vous ne pouvez pas
vous faire d'idée, monsieur,
quelle difficulté il y a eu pour la
déterminer à mettre son fils au
collége. Si ce pauvre comman-
deur de Gersac vivait encore, il
vous le dirait, au point qu'il s'é-

tait brouillé avec madame de Nerval , peu de temps avant qu'elle quittât Amiens , par ordre de la faculté. (1) — Croyez-vous qu'il sera long-temps chez la baronne? — Oh! je crois qu'elle le ramènera à Paris et que le mariage ne tardera pas. — Cela serait fort avantageux ; cependant j'avais eu d'autres projets. — L'amour ne consulte guère les grands parens , et c'est pour cela que j'ai l'honneur de vous répéter , monsieur , que j'ai tout employé pour éloigner M. votre neveu des mauvaises compagnies.

---

(1) *Par ordre de la Faculté !*
Encore un mensonge.

Là, fut racontée avec emphase l'aventure de Périne, augmentée de toutes les particularités qui pouvaient rehausser la prudence, le zèle, l'adresse et la droiture des principes de M. Brisard. Mon oncle l'en loua fort et commença à croire que ma mère ne l'avait nommé tuteur, que par la connaissance qu'elle avait de ses rares qualités; et comme il paraissait avoir agi en homme profond, il se reprochait le ton de hauteur qu'il avait pris en commençant la conversation : il lui en fit des espèces d'excuses, que M. Brisard reçut avec l'apparence d'un respectueux attachement. Votre neveu m'a promis, dit-il, à M. de Méodas, de m'é-

crire aussitôt qu'il aura vu madame de Thémines : je vous en-
verrai sa lettre. — Pourvu qu'un
voyage dans l'état de faiblesse où
il était, ne lui fasse point de
mal. — L'inquiétude et le chagrin lui en auraient fait bien davantage. Il a emmené Bastien
qui lui est tendrement attaché et
qui en aura grand soin.

Mon oncle, persuadé que M.
Brisard avait tout fait pour le
mieux, et ne pouvant discon-
venir que madame de Thémines
ne fût pour moi un parti infiniment meilleur que Lesbie. fut
seulement fâché que sa fille se
fût persuadée que je l'épouserais,
et ne songea qu'au moyen de la
consoler, si en effet les projets

de mon tuteur se réalisaient; et pensant à l'impatience qu'elle éprouverait, de savoir ce que lui aurait dit M. Brisard, il prit congé de celui-ci, en lui recommandant bien de lui envoyer mes lettres, dès qu'il en aurait reçu.

CHAPITRE X.

J'AVAIS passé une nuit très agitée, M. de Sangis s'était levé plusieurs fois pour me faire boire de l'orangeade. J'avais une soif ardente et beaucoup de fièvre : cependant vers l'aurore, je m'endormis assez profondément, et M. de Sangis ne soupçonnant pas les rapports qui existaient entre Amélie et moi, lui écrivit pour lui expliquer la raison qui le retenait à Grenoble. Il lui parlait de moi comme de quelqu'un de sa connaissance, ne doutant pas qu'elle ne lui dît dans sa réponse, de m'emmener chez elle pour m'y rétablir.

Il trouvait ce qu'il avait fait si simple, qu'il ne m'en parla seulement pas à mon réveil. Me voyant beaucoup mieux et la fièvre était très-baissée, il me fit donner à déjeûner, et attendit avec impatience que je lui fisse le récit que je lui avais promis la veille. Je ne tardai pas à satisfaire sa curiosité ; et je lui dis : vous avez paru, M. de Sangis, surpris que je ne voulusse pas partir avec vous pour Verneuil. Hélas ! ce serait sûrement pour moi le comble de la félicité... — Eh bien ! venez. — Non, c'est impossible, et vous allez en convenir. Alors je lui fis le même

récit que j'avais fait à M. Brisard.
A chaque mot, M. de Sangis
disait : mon Dieu ! que cela est
malheureux ! Mais tout s'éclair-
cira. — Je l'espère, et vous pouvez en hâter le moment. Partez,
monsieur, pour Verneuil. Ma
chaise est à vos ordres, et St.-
Louis vous servira de courrier.
Vous expliquerez à madame de
Thémines tout ce que je viens de
vous dire ; si elle daigne me recevoir, vous viendrez me chercher, et je pourrais encore être
ce soir auprès d'elle. — Ce soir,
ce serait bien prompt, mais demain matin. — Partez, monsieur,
vous me rendrez la vie.

M. de Sangis se garda bien de
me dire qu'il avait écrit le matin

par la poste , de sorte que madame de Thémines devait recevoir sa lettre dans la journée et
il désirait fort arriver avant sa
lettre , pour prévenir le mauvais
succès qu'elle pourrait avoir ,
et cependant il n'en fit rien , et
par sa faute : ce qui pensa m'être
bien funeste.

M. de Sangis partit , en recommandant à Bastien de ne me
point quitter , parce qu'il me
trouvait quelque chose d'égaré
dans les yeux. Bastien le promit
et assura M. de Sangis qu'il
n'avait pas besoin que personne
lui donnât des leçons d'attachement , qu'il m'en avait donné
des preuves dont je ne doutais
pas : car il était piqué que ce fût

M. de Sangis, et non lui, qui eût
été dépêché pour Verneuil, où
il était connu et estimé.

Bastien disait cela entre ses
dents, de sorte que notre artis'e
n'en comprit pas un mot. Celui-
ci fit tranquillement les préparatifs du départ, qui consistaient
en un ample déjeûner, où je lui
fis servir une bouteille de vin de
Champagne, qu'il but en entier,
tout en composant ce qu'il voulait dire à la belle veuve, pour
obtenir ma grâce. Il eut grand
soin d'emporter un crayon, du
papier : car disait-il, si je trouve
une vue qui me plaise, il faudra
bien que je la saisisse, mais sans
perdre de temps, car je suis bien
fâché d'avoir écrit.

Enfin il part : à peine est-il en voiture, qu'il s'endort et laisse aller le postillon à sa fantaisie, c'est-à-dire qu'il va presqu'au pas. St.-Louis est arrivé au relais, et fait préparer les chevaux, tandis qu'il se remet en route ; mais toutes ces précautions pour arriver à Verneuil avant la poste, furent inutiles, et une distraction de M. de Sangis dérangea tous ses plans. Il avait déjà passé les premiers relais, et était près du second qui n'est pas à une lieue de Verneuil, lorsque tout-à-coup Théophile, c'était le nom de baptême de M. de Sangis, crie au postillon : arrête, arrête, il faut que je descende dans le moment. Le postillon le regarde et continue. — Veux - tu t'arrêter, malheureux, ou je te brûle la cervelle ; et comme il lui présentait, en effet, son pistolet, le postillon ne crut pas devoir résister à ses volontés, il arrête : M. de Sangis descend et retournant quelques pas en arrière, s'assied près d'un fossé qui bordait la route et se met à dessiner. Le postillon le regarde, puis lui dit : eh bien ! notre maître, est-ce que vous allez rester là ? — Sûrement, mon ami, j'y reste : quoi ! tu ne vois pas cet effet de lumière, tu ne remarques pas ces belles masses qui terminent l'horizon, tu ne vois pas avec quelle élégance ces arbres s'élancent dans les nues, et semblent les rois de

la contrée ? Vois comme ces ca-
banes ont l'air humble auprès
d'eux : c'est que celles-ci sont
l'ouvrage de la main des hommes,
et que ceux-là sont sortis de celles
du créateur de toutes choses.
Vois-tu.... Monsieur, je vois
qu'il faut arriver quand on part....
Et que je n'ai pas de temps à
perdre. — Ah ! je t'entends, tiens
voilà six francs et laisse-moi tranquille : ces gens-là n'ont point
d'yeux, ce sont de vrais simula-
cres. — Grand merci, notre maître, dites tout ce que vous vou-
drez ; avec votre écu, j'en boirai
et du meilleur à votre santé, en
arrivant, si nous arrivons. — Oh !
nous arriverons ; une heure ou
deux plus tard, c'est une baga-

telle ; mais je ne pourrais manquer de m'emparer de ce beau site. Je l'aurais bien pu prendre en revenant, mais ce n'eût point été la même chose. La lumière n'eût pas été la même. Ah ! c'est ravissant ! Le postillon voyant que c'était un parti pris, se couche sur l'herbe assez près de ses chevaux et s'endort profondément.

M. de Sangis, tout entier au charme qui l'entraîne, oublie complètement Eugène, Amélie, la lettre qu'il a écrite, et combien il serait nécessaire qu'il arrivât avant que madame de Thémines l'eût reçue : il continue son dessin qu'il finit avec un soin extrême. Trois heures se passèrent ainsi. Enfin le soleil dans sa marche , ayant atteint sa plus grande hauteur , avait en effet changé l'aspect de cette vue qui avait ravi Théophile ; l'artiste ne trouvant plus de rapport direct entre elle et son dessin , il se détermine enfin à la quitter , et réveillant le postillon avec autant de peine qu'il en avait eu à l'arrêter , il remonte en chaise , le postillon à cheval. Ils arrivent au dernier relais où St. Louis se morfondait à l'attendre et ne concevait pas ce qui pouvait être arrivé. Le postillon le lui apprit et lui offrit un verre de la bouteille de Bourgogne qu'il avait demandée , pour boire à la santé du dessinateur, Mais Théophile qui se rappelait enfin qu'il était temps d'arriver , fait partir à l'instant, et St.-Louis ne put attendre que le vin fût apporté. Le nouveau postillon qui savait que l'on avait donné six livres de guide à son camarade , brûle le pavé , et arrive en quinze minutes à Verneuil.

———

CHAPITRE XI.

———

THÉOPHILE paie généreusement son postillon , descend , traverse le vestibule et se trouve dans le salon où était madame de Thémines , assise devant son métier , où elle paraissait plongée dans une si profonde rêverie , qu'elle n'avait pas même pris garde, qu'il était entré une voiture dans sa cour. M. de Sangis est auprès d'elle , qu'elle ne le voit pas encore. Un cri qu'elle fit , annonça sa surprise , en apercevant son maître à dessiner.

—Quoi, monsieur, c'est vous! vous m'écriviez ce matin que vous ne pouviez venir d'ici à trois ou quatre jours : quelle raison a changé vos projets? Etiez-vous encore à Grenoble, quand mon écuyer y est arrivé? car ne redoutant rien autant que de voir venir ici un jeune homme, et surtout M. de Nerval, j'ai fait partir la Branche, aussitôt votre lettre reçue, afin que vous vinssiez seul. — Oh! voilà ce que je craignais, je vous avais écrit avant de rien savoir, mais quand M. de Nerval m'a eu appris la situation des choses, j'ai eu bien du regret de ma lettre, et je me suis bien gardé de lui dire que j'avais eu l'honneur de vous

écrire. — Quoi , Eugène vous
a dit ?... — Qu'il vous adore, madame , et qu'il mourra de douleur, s'il ne parvient pas à vous
faire connaître son innocence.
— Il ne lui manquait que d'être
indiscret. — Ce n'est point in-
discrétion que de parler de vos
vertus, de vos charmes et des sentimens qu'ils inspirent. — Ainsi
que les vertus et les charmes de
madame Duvelder ! — Ah ! madame , ne profanez pas le pur
hommage que l'aimable Eugène
vous rend , en lui croyant le
moindre sentiment pour une co-
quette qu'il méprise et à qui il
n'a jamais dit qu'il l'aimait ,
parce qu'il n'a jamais senti pour
elle le plus léger attachement.

—Et vous croyez cela, M. de Sangis? — Je n'en doute pas; d'ailleurs jugez en vous même, madame, a-t-il perdu un instant
pour vous suivre? Vous savez bien
qu'il était encore très-faible quand
vous êtes partie, la révolution
que lui a causée votre départ a
été très dangereuse. Bastien m'a
dit qu'il avait pensé en mourir.
Cependant il n'a pris que l'instant d'obtenir de son tuteur l'argent nécessaire pour son voyage;
à trois heures du matin, il était
en voiture et n'a pas voulu s'arrêter un moment en route; aussi
en arrivant à Grenoble, comme
je vous l'ai mandé, il a été plus
de six heures, que tout ce qui
était dans l'auberge l'a cru mort,

et plaignait le sort d'un si beau jeune homme ; madame Tardé que vous connaissez bien , madame , en était aux larmes. — Cela est il bien vrai ? — Rien de plus vrai. — Eh bien ! je vous avoue que j'ai cru que c'était un conte fait à plaisir , et comme j'avais expressément défendu à M. de Nerval de me suivre dans cette province , j'ai été très-offensée qu'il y fût venu ; je ne vous cache point que je lui ai écrit d'une manière qui peut lui faire beaucoup de peine , s'il est vrai qu'il m'aime. — Ah ciel ! en pouvez-vous douter ? — Oui , j'en doute , et cependant je serais désolée que ma lettre lui fît mal. — Eh bien ! écrivez-en une au-

tre, je retourne à Grenoble, j'irai
à franc-étrier, j'y serai dans deux
heures. Je lui dirai que vous lui
rendez justice, que vous lui permettez de revenir avec moi. — Il
le faut bien, puisqu'il est si souf-
frant : il se rétablira, puis nous
verrons. M. de Sangis ne prit que
le temps de manger un potage,
et comme les chevaux de poste
n'étaient pas encore partis, il
fait mettre une selle sur l'un
d'eux, arrive à Chaparillon, ne
s'y arrête que le temps de changer de cheval, et est en effet en
deux heures à l'auberge ; il semblait que c'était le ciel qui lui
avait inspiré de faire une si
grande diligence, car peut-être
un quart-d'heure plus tard, ma-

dame de Thémines n'aurait eu que des pleurs à verser sur mon sort.

J'étais resté dans mon lit après le départ de Théophile ; je me repaissais de la douce chimère que mon amie, convaincue de mon innocence, me rappellerait auprès d'elle : je venais de dîner, lorsque Bastien m'amena la Branche, en me disant : monsieur, voilà un courrier que madame la baronne vous envoie, il est chargé d'une lettre. Ah ! donne, lui dis-je, quel bonheur pour moi! quoi, déjà Sangis est arrivé! Bastien, aie soin de ce garçon, ils sortirent. Avec quelle ardeur je baisai cette lettre avant de l'ouvrir : elle l'avait écrite, et je croyais en touchant ce papier, y retrouver l'empreinte de ses jolis doigts. Enfin je rompis le cachet; que devins-je, en y trouvant ces mots !

Lettre de madame de Thémines,
à M. de Nerval.

Verneuil, le   juin 1785.

« Il ne vous a donc pas suffi, monsieur, de m'avoir rendu la fable de Paris : il faut que vous veniez dans cette province , instruire ceux qui ont quelque relation avec moi , de la faiblesse que j'ai eue de vous croire susceptible d'un véritable attachement. Je le vois bien, plus de cent lieues n'ont pas suffi pour me mettre à l'abri des tourmens auxquels je me suis exposée. Eh bien ! jouissez de votre triomphe, si vous avez voulu me punir de vous avoir aimé. Je saurai mettre entre vous et moi des barrières insurmontables, et la retraite où je m'ensevelirai, sera si profonde, que jamais vous ne pourrez y pénétrer. Répondez-moi, quelles sont vos intentions? Si vous ne parlez pas, dans huit jours je ne serai plus à Verneuil.

« Dites, je vous prie, à M. de Saugis, que je le remercie de ses offres, que je n'ai plus besoin de lui, ayant changé de projets ».

Je me demandai comment

Amélie avait été instruite de mon arrivée à Grenoble, puisqu'il était certain que sa lettre était écrite avant l'arrivée de M. de Sangis; je n'y vis que l'expression de la haine.

Est-il possible, me disais je, d'être si cruellement traité! quel est mon crime? Je ne résisterai pas à une pareille injustice. Non, je ne la troublerai plus; non, elle n'aura pas besoin de quitter un monde dont elle est l'ornement. Je ne la fuirai point, je n'en ai pas le courage, mais je mourrai : en disant cela, je me lève, je passe une robe de chambre. On avait laissé mes pistolets sur la table. J'examine s'ils

sont chargés, et me souvenant
qu'ils ne l'étaient qu'avec des
chevrotines, j'en décharge un,
je prends une balle, je la mets
dans le canon ; j'y passais la ba-
guette quand je me sens pris for-
tement par le bras, et arracher
l'arme que je tenais. — Qu'allez-
vous faire? — Mourir, puisqu'elle
me hait. — Ah ciel ! pouvez-vous
le croire, elle ne vous a jamais
plus tendrement aimé. Elle vous
attend à Verneuil , et je viens
vous chercher. — Cela n'est pas
possible. — Lisez sa lettre qui
était écrite avant que j'arrivasse,
elle vous attend , vous dis je. St.-
Louis ramène votre voiture, nous
partirons demain matin. — Oh

ciel! cela est-il possible? —Rien
de plus vrai, mon ami. — Ne me
trompez pas , vous ne retarderiez
ma mort que de quelques momens.

CHAPITRE XII.

Monsieur de Sangis eut beaucoup de peine à me persuader. Ma tête était fatiguée, et je ne pus regarder que comme un trait de folie, la résolution que j'avais prise de mourir. Je crois que M. de Sangis en jugea de même, car il ne me quitta pas d'un instant. Je lui demandai de me garder le plus profond secret sur cet événement dont l'exécution avait heureusement été empêchée à temps. Je lui fis raconter dans le plus grand détail tout ce qui s'était passé entre lui et ma belle maîtresse. St.-Louis qui arriva peu de temps après, me confirma que nous étions attendus à Verneuil, ce qui remit entièrement mon pauvre cerveau, et après une nuit tranquille, nous partîmes le lendemain à cinq heures du matin, non sans que j'eusse marqué à la bonne madame Tardé ma reconnaissance de tous ses soins.

Que de sentimens différens occupaient le cœur de la belle veuve! Mais aucun n'avait autant de force que l'amour. Elle avait beau se dire : il a plusieurs années de moins que moi, et son esprit n'a point été mûri par l'instruction, encore moins par

les contradictions que fait éprouver le malheur; enfant de la fortune, il en a tous les défauts;
inconstant, léger comme elle, il
m'abandonnera pour le premier
objet qui aura plus de rapport
avec son âge. Il n'aime point,
dit on, la trop jolie madame Duvelder, et qu'aurait-il fait de plus
s'il l'avait aimée? Il n'a pas craint
de me déplaire en retournant chez
elle, malgré ses promesses; il a
préféré de se battre avec son meilleur ami, plutôt que de convenir
avec lui, qu'il n'avait point obtenu les bonnes grâces de cette
belle. Et avec moi, quelle fausseté! Comme j'étais dupe de tout
ce qu'il m'a raconté sur ce prétendu repas, où sa raison et celle

de St.-Firmin s'étaient perdues ! et sans l'imprudente lettre de madame Duvelder, je le croirais encore. Quelle folie d'aimer un être aussi inconséquent ! Mais enfin je l'aime et il faut dire avec Regnard :

On aime sans raison, et sans raison l'on hait.

Mais néanmoins, je ne dois pas céder en aveugle à un sentiment, qui, sans aucun doute, ferait mon malheur ; et si je suis assez faible pour ne pouvoir rompre avec lui, au moins profitons de ses torts, pour le soumettre à des épreuves qui retarderont pour quelque temps le moment où je recevrai ses lois.

Cette résolution prise, Amélie
fut plus calme, et à l'instant où
j'arrivai, je ne pus lire sur son
front ni courroux, ni dédain.
Une tendre pitié s'y peignit,
quand elle vit son Eugène si
pâle, si faible ; elle ne put se défendre de se reprocher d'être
cause de l'état où j'étais. Pour
moi, je me croyais le plus heureux des hommes, je revoyais
Amélie, elle daignait paraître
sensible à mes souffrances : pouvait il y avoir pour moi un sort
plus heureux ? Théophile, en
homme discret, voulait s'éloigner, pour laisser aux amans la
liberté de s'expliquer. Mais madame de Thémines, suivant le
plan qu'elle s'était fait, l'assura

qu'il ne la gênait pas. Elle a

ta : « M. de Nerval vous a ch

pour le confident de ses plu:

crètes pensées. Le hasard ,

je ne puis en faire honnei

ses réflexions,) l'a bien servi

lui donnant cette confiance

un homme que j'estime in

ment, et qui le mérite à

égards. Ainsi je désire que ›

soyez en tiers entre nous.

que j'aie six ans de plus que

je ne me trouve pas encore a

vieille pour être tête-à-tête

un jeune homme de vingt a:

Tant de pudeur me désolai

ajoutait néanmoins à mon

pect pour elle.

' Madame de Thémines :

déjà pourvu à tout ce qui po:

contribuer à hâter ma convales-
cence. Il y avait près du salon
un appartement qui avait été
celui du baron, et qui donnait
sur un charmant jardin fleuriste.
Elle avait fait mettre dans la bi-
bliothèque qui rendait dans la
chambre à coucher, un lit pour
Théophile. Vous n'aurez point à
monter ni à descendre, me dit-
elle, pour être dans le salon, ou
pour vous promener; M. de Sangis sera près de vous. Bastien et
St.-Louis n'en seront pas éloi-
gnés. Ainsi j'espère que vous
ne manquerez d'aucuns des soins
que votre santé exige, mon médecin sera ici demain. — Je n'ai
nul besoin de son art; c'est
dans les yeux d'Amélie que je

trouve la vie et le bonheur. —
Cela est très-bon à dire, mais
il n'en est pas moins vrai que
vous avez encore besoin de la
science du docteur, pour prévenir des accidens pareils à celui
que vous avez éprouvé à Grenoble, et qui pourraient avoir des
suites plus funestes, s'il se trouvait un frère Ambroise un peu
moins poltron que celui qui vous
a veillé à l'auberge du *Lion d'or.*
Nous lui avions raconté les faits
et gestes du Confrère de la mort,
dont, malgré sa gravité naturelle
et ses réflexions sérieuses, elle
n'avait pu s'empêcher de rire.

Je n'avais pas oublié la promesse que j'avais faite à M. Brisard, de l'instruire du succès de

mon voyage. Je le fis dans le plus grand détail. C'était une occasion de parler d'Amélie , de vanter sa bonté , sa générosité , son hospitalité, la magnificence qui l'environnait à Verneuil, plus encore qu'à Paris , et qui n'empêchait pas qu'elle ne fût la mère de tous ses pauvres habitans qui l'adoraient. Je finissais ainsi ma lettre :

« Je ne sais que d'aujourd'hui,
« mon cher tuteur, combien je
« dois vous être obligé ; car c'est
« à votre pénétration que je puis
« attribuer mon bonheur. Sans
« vous je n'eusse osé suivre ma-
« dame de Thémines , et je serais
« mort de ma douleur. Aussi je
« vous suis plus attaché que ja-

« mais, et j'ai pour vous la ten-
« dresse d'un fils, comme vous
« avez eu pour moi les soins d'un
« père. Offrez, je vous prie, mes
« hommages à mon oncle et mon
« regret de n'avoir pas eu l'hon-
« neur de le voir avant mon dé-
« part. J'espère à mon retour être
« plus heureux. »

Cette lettre fit un extrême plaisir à M. Brisard; elle servait mer-
veilleusement ses projets; et il
ne manqua pas de se rendre à
Passy dans mon cabriolet, qui
était resté à Paris; car, depuis
l'aventure de Longchamp, j'a-
vais repris à l'hôtel mes chevaux
et mes gens, M. Brisard ayant
pensé qu'ils coûteraient moins
qu'ailleurs; et il était tout sim-

III.   6

ple qu'il s'en servît. Il arriva donc chez ma tante, qui du plus loin qu'elle l'aperçut, lui dit : Eh bien ! nous apportez-vous des nouvelles ? — Excellentes ! Il est à Verneuil, où on le comble de bontés. — J'en suis fort aise; mais ce n'est pas ce qui m'inté‑ resse le plus ; c'est de savoir comment il se porte. — Bien, à ce qu'il me paraît ; car il m'écrit quatre grandes pages, et il tira ma lettre de son porte‑feuille. Ma tante, par ménagement pour Lesbie, ne voulut pas lire haut. Elle était à la fin, lorsque mon oncle, à qui on avait couru dire dans le jardin, que mon tuteur était avec ma tante, vint le join‑ dre. — C'est un enchantement,

lui dit madame de Méodas,
lorsqu'il entra; Eugène est dans
un ravissement inexprimable !
Sa belle lui pardonne; le voilà
dans l'appartement du défunt,
et en ayant peut être déjà les
droits. Il paraît que la sévère
vertu de la baronne s'est huma-
nisée; je me méfie toujours de
celles qui font tant de bruit de
leur sagesse. — Voilà bien les
femmes ! reprit mon oncle;
madame de Thémines peut être
très-sage et vouloir épouser mon
neveu; pourquoi la juger avant
l'événement ? Qu'aurez-vous à
dire si elle l'épouse ? — Qu'elle
pouvait tout aussi bien l'épouser
à Paris qu'à Verneuil; et qu'il
paraîtra alors qu'elle n'a fait

toutes ces simagrées que pour lui
donner une haute idée de ses
principes, et lui dire ensuite :
mais l'amour me subjugue,
m'entraîne.... ! Tout cela n'est
pas franc ; et si j'étais homme,
je me méfierais d'un semblable
manége. — Avec trois cent mille
livres de rente, reprit Brisard,
madame, on a bien des vertus.
— Bon pour vous, monsieur,
dont l'argent est la première di-
vinité ; c'est tout simple, c'est
votre état. — J'ai prouvé, madame, que je connais des biens
plus précieux, et l'estime de M.
et de madame de Nerval, l'attachement sans bornes de leur
fils, sont pour moi d'un prix
bien supérieur à un vil métal.

— C'est ce que vous ne me ferez pas croire, M. Brisard; et si Eugène n'avait eu que dix mille livres de rentes, vous n'eussiez pas été si empressé à vous emparer de la tutelle, et à en priver un oncle qui y avait des droits incontestables. — Il n'est point question de tout cela, interrompit M. de Méodas; M. Brisard aime ou n'aime pas l'argent; il n'en est pas moins certain qu'il a donné un excellent conseil à mon neveu. — Qui n'aurait pas réussi avec toute autre femme, et qui peut-être n'aura pas l'issue que vous imaginez. Je suis persuadée que la veuve n'est pas à son coup d'essai. Elle a attiré Eugène chez elle; tant qu'il lui conviendra, elle parlera mariage ; mais elle ne concluera rien. — Je suis certain du contraire , madame. La vertu de madame de Thémines est réelle ; et si vous la connaissiez , vous lui rendriez plus de justice.

Lesbie, que cette conversation mettait au supplice , craignant que ses pleurs ne la trahissent, se pencha sur l'épaule de sa mère, lui dit un mot à l'oreille, se leva, sortit , et ne reparut pas de la soirée. M. de Méodas engagea M. Brisard à rester la journée à Passy, car il était entièrement revenu de ses préventions contre lui, et s'il se rappelait les procédés qu'il avait eus avec le comte de Merville, c'était pour le jus-

tifier. Il se persuadait donc que
l'oncle de madame de Méodas s'y
était mal pris ; qu'il avait affecté
un ton de hauteur ou de méfiance,
dont M. Brisard avait été blessé
à juste raison ; et il serait entré
avec lui en explication sur ce
sujet, s'il n'avait pas craint la
fierté de madame de Méodas,
qu'on sait avoir toujours eu pour
M. Brisard une véritable antipa-
thie. Patrice, qui ne l'aimait pas
davàntage, alla tenir compagnie
à sa sœur ; et sa mère en eût fait
autant, si plusieurs personnes,
qui arrivèrent de Paris pour loger
chez elle, ne l'eussent pas forcée
de rester pour faire les honneurs.
Mais elle ne dit pas quatre paro-

les à mon cher tuteur, qui en fut
dédommagé par les attentions, et
les marques de bienveillance que
mon oncle lui donna.

CHAPITRE XIII.

Que les jugemens de ma tante
étaient injustes ; et avec quelle
douleur je les eusse appris ! Mais
M. Brisard était trop adroit pour
m'en parler. Il n'entra dans aucun
détail sur son voyage de
Passy ; il me dit simplement qu'il
avait fait ma commission auprès
de mon oncle, qui désirait vivement
que j'épousasse Amélie,
comme le meilleur parti que je
pourrais rencontrer. Cette phrase
me fit un sensible plaisir. J'étais
encore dans l'illusion ; et je me

6.

flattais que mon bonheur était beaucoup plus prochain que je n'avais osé d'abord l'espérer.

Les soins de mon aimable amie, le bon air, le calme de la campagne, me rendirent bientôt toute ma santé; et Théophile m'exhortait à demander à la dame de mes pensées, de fixer enfin mon sort; mais une crainte involontaire enchaînait ma langue, toutes les fois que je voulais la supplier de me nommer son époux. Hélas! elle ne me donna pas le temps de l'interroger sur ses projets; je ne les appris que trop tôt.

Nous faisions, Théophile et moi, une partie de billard avant le dîner. Madame de Thémines nous appelle, et nous la suivons l'un et l'autre dans un cabinet qui donnait sur le jardin, où elle se tenait de préférence à son salon. Elle s'assit sur une ottomane, et nous fit placer à ses côtés. Je ne cache pas que je crus un moment que, fatiguée de la contrainte qu'elle s'était imposée, elle allait enfin suivre les mouvemens de son cœur, en me donnant sa main. J'éprouvai à cette idée une joie si vive, que mon cœur semblait briser ma poitrine pour la joindre. Elle s'aperçut de mon émotion; et me dit d'un ton grave, qui m'étonna : — Toujours exagéré, Eugène ! Qu'y a-t-il qui doive vous causer un plaisir aussi vif, que celui qui

se peint dans vos yeux , parce
que je vous prie de venir causer
avec moi , vous et votre mentor ?
Oui , Eugène, votre mentor; car,
c'est à lui que je vous confie; il
vous a sauvé la vie ; je le sais,
sans qu'il me l'ait dit; c'est un
titre précieux à mon attachement et au vôtre. Je l'assurai que
ma reconnaissance pour M. de
Sangis était très-vive, non pour
m'avoir sauvé la vie , mais pour
m'avoir rendu heureux , en me
réconciliant avec elle. Théophile
dit qu'il n'avait fait que son devoir. Après ce débat de sentimens , madame de Thémines reprit : écoutez-moi , Eugène , et
ne m'interrompez pas. Ceci était
fort difficile, car je brûlais de lui

peindre mes transports ; mais il
fallut obéir.

Vous n'avez pas dû penser,
Eugène, que la légèreté de votre
conduite, en admettant qu'elle
ne fût pas coupable dans l'affaire
que vous avez eue avec St.-Fir-
min, fût un titre pour ajouter à
ma confiance, et que je dusse,
d'après cela, vous donner sur
moi les droits que l'hymen assure. En vérité j'eusse été prête
à faire cette folie, que cet événement m'en eût garantie...Comme
elle voyait que je voulais répondre : écoutez-moi, Eugène, je
vous en prie ; ayez au moins cette
complaisance. Mais si je ne dois
pas être de long temps à vous par
un lien légitime, le seul qui

puisse exister entre nous , vous
devez bien penser qu'en prolon-
geant ici votre séjour, c'est ache-
ver de me perdre de réputation.
J'ai bien senti , en consentant à
vous laisser venir ici , à quels
propos je donnais lieu ; mais
votre vie était en danger, et j'ai
dû vous sacrifier beaucoup plus
que la mienne, en vous recevant
dans ma maison, en m'y enfer-
mant en quelque sorte , pour assurer , par la vie la plus unifor
me , votre rétablissement. Il est
complet maintenant ; vous pouvez donc , sans aucune inquiétude , entreprendre un voyage ,
que je désire vivement que vous
f assiez ; c'est celui d'Italie. Il
r endra plus simple le séjour que

vous avez fait chez moi. On sait
que vous avez été fort mal à Grenoble ; que nous nous étions vus
souvent à Paris ; il ne paraîtra
pas extraordinaire que je vous
aie engagé à venir : mais dès que
vous êtes rétabli , vous devez re
prendre votre projet et me quitter. Vous avez trouvé chez moi
un artiste célèbre ; vous lui pro-
posez de venir avec vous. Tout le
monde n'a pas besoin de savoir
que je l'en supplie , au nom de
l'attachement qu'il m'a toujours
témoigné. Oui, mon cher Théophile, je le répète, je vous le
confie ; passez avec lui deux ans
dans la patrie des arts ; électrisez
son âme pour les rares produc
tions dont le génie a décoré l'Ita-

lie (1). Quand on a perdu les
années précieuses de l'enfance
pour s'instruire, il ne reste plus
dans la jeunesse que d'observer,
par soi-même, ce que les auteurs
ont écrit : tel est l'effet que produit sur une âme neuve le voyage
que je vous propose. Je l'ai fait
à peu-près à votre âge avec M. de
Thémines. Je désire savoir si nos
opinions seront les mêmes sur les
ruines de la grandeur romaine ;
vous êtes assez riche pour que ce
voyage ne vous dérange pas : à
la manière dont vous viviez à Pa-

---

(1) Nous n'étions pas alors en possession
des chefs-d'œuvre que la victoire a natura-
lisés parmi nous.

ris , il doit être pour vous une
économie. Quant à vous, M. de
Sangis , je sais que vous éloi-
gnant de Lyon pour autant de
temps, vous pourriez perdre, sans
retour, les moyens habituels de
votre subsistance; permettez , en
acceptant ce contrat, que je pare
d'abord à cet inconvénient. Théophile l'ouvrit , et vit qu'il était de
quatre mille livres. — C'est trop,
beaucoup trop ; je ne puis éva-
luer mes dessins à une somme
si forte. — Et moi je sais qu'elle
est au dessous de ce qu'ils valent;
mais j'ai voulu ménager votre dé-
licatesse.

Tandis qu'ils disputaient sur
le plus ou le moins de valeur des
travaux de M. de Sangis , je res-

tais dans un silence stupide, et
ne trouvais aucune expression
pour peindre ma douleur. En
voyant évanouir mes plus chères
espérances, je ne pouvais douter
que j'étais aimé. Prend-on tant
de soins pour un être indifférent?
mais ne la pas voir pendant deux
ans et n'avoir pas la certitude
que ce temps d'épreuve sera le
dernier, voilà ce qui me déses-
pérait. Cependant il fallait parler. Je me jetai à ses genoux, je
pleurai comme un enfant, elle
en fut touchée. Je recueillis une
larme qui s'échappa de ses beaux
yeux. Mais elle n'en fut pas
moins inexorable. C'est un parti
pris, dit-elle, il faut que vous
ou moi, nous quittions la Fran-

ce, et je crois qu'il est plus avantageux pour vous, de voyager
avec fruit, ayant avec vous un
homme infiniment instruit, que
de me forcer d'aller dans quelque ville d'Allemagne, m'engager par des vœux.... — Oh ciel !
que dites-vous ! — Ce que je fe-
rais sans aucun doute, si vous
vous obstiniez à suivre mes pas.
— Vous ne m'aimez donc point ?
— Beaucoup trop pour mon repos.
Et lorsque vous serez devenu un
homme aussi estimable que vous
êtes aimable, malgré la dispro-
portion de nos âges, je couron-
nerai votre constance.

CHAPITRE XIV.

Nous fûmes interrompus par quelques gentils-hommes des environs qui venaient demander à dîner à Amélie. Elle eut autant aimé qu'ils fussent venus un autre jour ; mais trop polie pour le leur faire apercevoir , elle les reçut avec autant d'aisance , que si ils lui eussent fait un plaisir sensible. Aussi enhardis par cet accueil flatteur , ils passèrent à Verneuil trois mortels jours qui me parurent trois siècles , car ces messieurs ne me permirent

pas d'être seul un moment avec
mon amie et de lui exprimer mon
chagrin. Enfin ils nous quittè-
rent , et madame de Thémines
me demanda si je pensais à partir. Je convins ingénuement que
je n'en avais pas la moindre intention. Il faut donc , reprit-elle ,
que je fasse faire mes malles.
—Hélas ! lui dis-je , quel moyen
vous employez pour me forcer à
me soumettre à vos lois ! Mais
n'aurez - vous donc aucune peine
de mon absence ? — Je suis si
persuadée qu'elle vous sera utile ,
que je ne me considère en rien
dans cette circonstance. Elle me
répéta que nous nous reverrions
à mon retour, et qu'il ne tien-
drait qu'à moi que ce fût l'épo-

que de notre union , si je pouvais
me rendre à moi-même le témoi-,
gnage que j'avais employé ces
deux années de manière à lui
prouver qu'elle pourrait me con-
fier son sort, sans craindre d'être
malheureuse. Je l'assurai que
Théophile lui rendrait un compte
exact de ma conduite , et qu'elle
serait convaincue qu'elle seule
pouvait régner dans mon âme.
— Eh ! qui sait, mon ami, si
vous penserez toujours de même?
mais j'aime mieux courir le ris-
que de vous perdre , avant que
vous soyez mon époux, que de
vous voir gémir de vos chaînes. Je
fis tous les sermens que les amans
font en pareille occasion , et persuadé qu'il n'y avait aucun moyen

de la faire changer d'avis sur mon voyage, il fallut bien s'occuper de mon départ.

Théophile était enchanté de revoir encore l'Italie. Il l'avait parcourue fort jeune, et il se faisait un sensible plaisir de comparer ses observations avec celles qu'il avait faites dans son premier voyage. J'écrivis avant de partir à M. Brisard, pour lui mander que madame de Thémines, toujours la même, c'est-à-dire supérieure à son sexe, avait exigé, qu'aussitôt mon rétablissement, je partisse pour l'Italie, où je voyagerais deux ans, ne voulant pas qu'il fût question jusque-là de mariage. Je le prévenais que je tirerais sur lui de

Milan une somme de douze mille livres, mes cinq cents louis ne pouvant me suffire pour mon voyage. Je lui demandai de faire vendre mes chevaux , excepté celui de cabriolet , dont je le priais de se servir pendant mon absence. Je l'engageais aussi à savoir ce que devenaient St.-Firmin et sa maîtresse, non par intérêt ni pour l'un ni pour l'autre , mais par simple curiosité. Je le priai de m'adresser sa réponse à Chambéri. Mon tuteur crut devoir faire part de ces nouvelles à mon oncle , mais ayant été mécontent de madame de Méodas , il se contenta d'envoyer ma lettre à Passy par un domestique.

Mon oncle fut singulièrement

étonné de cette résolution, et apportant ma lettre à sa femme, il lui dit : eh bien ! madame, cette Amélie dont vous n'avez pas craint de ternir la réputation, cette Amélie, que vous croyez abandonnée à ses passions, vient cependant de prouver combien elle en est maîtresse, en forçant Eugène à aller passer deux ans en Italie, et ne voulant le revoir à son retour que pour en faire son époux. J'avoue, reprit ma tante, que cette conduite m'étonne, et que je ne l'en aurais pas cru capable. Allons, je vois avec douleur, qu'il faut que ma Lesbie renonce à être sa femme; heureusement qu'elle ne l'a pas revu depuis son retour en France, car

III.   7

on dit qu'il est d'une figure charmante. — C'est un très - beau
jeune homme, mais comme vous
le dites, il n'existe dans l'imagination de Lesbie, que sous les
traits d'un enfant de treize ans :
il sera plus facile de l'en déta-
cher, si un parti se présentait.

Madame de Méodas se chargea
d'apprendre à sa fille mon départ pour l'Italie et la promesse
de madame de Thémines de m'é-
pouser aussitôt mon retour. Lesbie fut très-sensible à ces nouvelles. Mais sa mère eut beau lui
dire qu'elle devait renoncer à
moi, ma belle cousine qui connaissait déjà le pouvoir de ses
charmes, lui dit avec une tou-
chante naïveté, je ne renoncerai

jamais à l'espoir de l'avoir pour époux, qu'il ne me dise à moi-même qu'il ne m'aime pas ; tant que nous ne nous serons pas revus, je ne croirai jamais qu'il ait oublié sa pauvre Lesbie, qu'il aimait tant à St.-Domingue. On dit que je suis embellie, pourquoi m'aimerait-il moins qu'alors ?— Mais ma fille, madame de Thémines est si riche. — Oh ! ce n'est pas cela qui détermine Eugène. N'a-t-il pas cent mille livres de rentes, et quelles sont les jouissances qu'on ne se procure pas avec cette fortune ? Enfin ma mère, la vôtre est aussi très-considérable. — Oui, mais vous êtes huit. — Ce n'est pas tout cela qui détermine Eugène, c'est t

t

simplement qu'il croit madame
de Thémines plus belle que moi :
mais aussi elle a six ans de plus
que lui, et moi je suis précisé-
ment de son âge. — Il est séduit
par son instruction, ses talens.
— Eh bien ! maman, je vais employer les deux années qu'il sera
absent, à acquérir les talens qui
me manquent, et je vous prie
de me donner les premiers maîtres de Paris.

Madame de Méodas, enchantée
que sa fille prît si bien son parti,
se garda de contrarier ses idées ;
elle pensa que rien n'était plus
propre à calmer son imagination
que l'étude, et elle lui donna,
en effet, les meilleurs maîtres
qu'il y eût alors. Ses progrès fu-

rent si rapides , qu'ils tenaient du prodige. C'était celui de l'amour, le plus puissant des enchanteurs. Mais laissons la, nourrissant dans son cœur une folle espérance , et ne connaissant d'autre plaisir que de s'instruire, pour se rendre digne de moi , qui ne pensais pas seulement qu'elle existât , et revenons à l'instant où je me séparai de l'adorable Amélie.

CHAPITRE XV.

ENFIN le moment fatal était arrivé ; les chevaux étaient attelés, St.-Louis à cheval, M. de Sangis et Bastien prêts à monter en voiture avec moi, et je n'étais pas encore préparé à cette fatale séparation. Madame de Thémines paraissait désirer que j'abrégeasse ces instans qui étaient aussi pénibles pour elle que pour moi. Elle ne pouvait dissimuler son trouble, des larmes bordaient sa paupière. Eh ! pourquoi, mon amie, déchirer nos cœurs ! vous souffrez autant que moi. Ah ! renoncez à ce cruel projet, lais-sez-moi près de vous. — Non Eugène, non, je puis beaucoup souffrir, mais je ne puis renon-cer à la seule chose qui assurera notre bonheur et ma tranquillité. N'abusez pas de ma faiblesse, pour prolonger ces tristes adieux qui me font beaucoup de mal.

« Allons, dit Théophile, nous devrions déjà être au pont de Beau-voisin. En me disant cela, il me prit par le bras, m'entraîna dans la cour, et me fit monter en voi-ture, sans que je susse rien de ce que je faisais. Je vis seule-ment qu'Amélie n'avait pu ré-sister à l'attendrissement qui s'é-tait emparé d'elle, et que pour cacher ses larmes , elle s'était renfermée aussitôt dans son appartement.

Quant à moi, je n'avais plus la force de parler , et envain Théophile voulait me faire remarquer la majesté du spectacle que l'approche des Alpes nous présentait. Tout à Amélie, je ne voyais qu'elle , et je la demandais à toute la nature. M. de Sangis, voyant que ce serait inutilement qu'il chercherait à me tirer de cet état , que le temps seul pouvait changer , renonça à me voir partager son enthousiasme, et admira tout seul ce que je ne voyais même pas.

Il ne put avoir de moi aucun signe d'existence, si je puis me servir de cette expression, qu'aux Échelles. Le danger de cette route réveilla mon attention. Le soin de la conservation est pour la créature une loi générale , et quelqu'ennuyé que l'on paraisse être de la vie , on en revient toujours à dire :

C'est afin de m'aider à recharger ce bois....»
LA FONTAINE.

Au moment où ma voiture se trouva suspendue au-dessus d'un abîme de plus de cent pieds , ma frayeur fut en vérité aussi vive , que si j'avais été le plus henreux des hommes ; et me rappelant tout ce que Théophile m'avait dit sur la beauté, la majesté des Alpes , je lui demandai pen-

7.

dant que nous roulions sur une seule roue, et l'autre absolument en l'air , s'il trouvait toujours que les montagnes fussent l'ornement de la terre, qui sans elles seraitd'une n onotonie insupportable. Je vous répondrai , dit-il, en se penchant de l'autre côté de l'abîme , pour faire contre-poids, je vous répondrai quand nous serons sur deux roues. Enfin le chemin qui avait été couvert par un éboulement, s'élargit et nous nous trouvâmes d'aplomb. Alors le danger étant passé , M. de Sangis reprit son enthousiasme pour les Alpes. Je ne pus m'empêcher de le railler un peu sur son silence pendant le péril ; et moi, dit-il, je vous félicite d'avoir retrouvé la parole dans le danger. Ainsi la même cause produit un effet différent suivant la disposition des organes. De ce moment, je prêtai plus d'attention à ses observations, et me rappelant que c'était un moyen de plaire à Amélie, je formai la résolution de consacrer véritablement à m'instruire tout le temps que je serais séparé d'elle.

M. de Saugis savait très - bien l'italien ; je lui demandai de me l'apprendre; et bientôt nous ne parlâmes plus d'autre langue.

Le nord de l'Italie diffère peu des provinces méridionales de France; et ce n'est guère qu'en Toscane que l'on commence à sentir l'influence du génie des anciens habitans de ces belles contrées. Mais, avant d'y arriver, il fallait nous arrêter dans plusieurs villes; d'abord à Chambéri, pour attendre une réponse de M. Brisard.

CHAPITRE XVI.

—

Cette réponse me parut assez extraordinaire sur un point essentiel ; c'était sur l'article des cinq cents louis. Il prétendait qu'il lui était impossible de faire honneur à une aussi grosse somme à la fois ; que, plaçant à mesure l'excédant de mes revenus, il n'avait jamais cinq cents louis en caisse ; qu'il s'était épuisé lors de mon départ pour Grenoble ; qu'il ferait honneur à des traites de deux à trois mille livres ; mais rien de plus : que s'il me surve-

naît des accidens imprévus, j'a-
vais l'écrin de ma mère, qui pouvait y parer, et auquel je devais
d'autant moins tenir, que madame de Thémines passait pour
avoir les plus beaux diamans de
Paris ; que par conséquent je
n'aurais pas besoin de lui en donner. Dans l'étonnement que me
causa cet article, je ne pus m'empêcher de le communiquer à
M. de Sangis, qui me dit : je
mettrais ma tête à couper que le
tuteur fait valoir votre argent,
et qu'il n'est pas d'humeur à vous
en laisser jouir ; à votre place je
tirerais toujours les cinq cents
louis ; il faudra bien qu'il les
paie : et cet écrin dont il vous
parle est donc bien riche ? —

Hélas ! il l'était. – Bon ; n'en
auriez vous emporté que la boîte?
— A-peu-près ; et je lui racontai
l'histoire du juif, de la reconnaissance perdue, et de l'inquiétude où j'étais de ne point ravoir
ceux de ces diamans donnés en
nantissement au coquin de Jacob. Eh bien ! me dit Théophile,
en riant ; ils sont peut être à présent dans les mains de votre tuteur, dont le juif n'est sans doute
que le prête-nom : si j'étais de
vous , je lui répondrais que la
ressource qu'il vous propose est
presque réduite à rien , puisque
Jacob a plus des deux tiers de
l'écrin. Engagez-le à payer le
juif; et ne vous laissez pas dé-
vorer, pendant votre absence ,

par une dette usuraire. Faites-
lui sentir qu'il est d'autant plus
important de l'éteindre , que si
elle venait à la connaissance de
madame de Thémines , ce pourrait être une cause de rupture.
Je trouvai l'avis de M. de Sangis
si bon , que je récrivis sur-le-
champ à mon tuteur ; et comme
les Alpes se trouvaient entre lui
et moi, et que je ne craignais pas
sa mauvaise humeur de si loin ,
je pris le parti de lui envoyer le
montant exact de ce que je devais
à l'Israélite ; somme dont le to-
tal , car j'en avais la note, était
d'un capital de quatre-vingt-dix-
sept mille cinq cent trente livres,
auquel il fallait ajouter neuf
mille livres pour trois mois d'in-

térêt à trois pour cent ; ce qui faisait en tout cent six mille cinq cent trente livres. Je riais en moi-même de la bonne grimace que le cher homme ferait en découvrant dans ma fortune ce déficit , qui n'était pourtant qu'une année en arrière de mon revenu , et qui par conséquent pouvait aisément se réparer dans les deux années que je serais en Italie, où j'avais fixé ma dépense à mille louis au plus. Mais en pesant les mots de la lettre de Brisard , qui ne pouvait payer plus de mille écus, l'annonce de plus de cent mille francs à acquitter ne devait pas le réjouir infiniment. Peu m'importait ; et l'idée que m'avait donnée Théo-

phile, que M. Brisard faisait valoir mon argent, me réjouissait
encore moins. Me rappelant plusieurs circonstances de ma vie,
surtout son empressement à se
faire donner la tutelle par ma
mère, son excessive économie
avec moi, ses sermons continuels
sur la moindre dépense; tout cela
me revenant à la mémoire, je
commençai à former quelques
doutes sur le désintéressement
du cher tuteur; et, pour la première fois, je pensai que je serais
peut-être bien heureux que mon
oncle assistât au compte de ma
tutelle.

Ces réflexions m'occupèrent
faiblement : ma lettre partie,
elles s'effacèrent entièrement de

mon esprit. Il n'en fut pas de
même de ce qu'il me manda de
St.-Firmin. J'ai été moi-même,
m'écrivait-il, chez votre ami;
j'ai eu assez de peine à arriver
jusqu'à lui. Madame Duvelder
était dans sa chambre; je l'ai
prié de passer avec moi dans son
cabinet; il avait l'air froid et
contraint, et me recevait de l'air
dont les jeunes gens accueillent
leurs créanciers. — Cependant il
se remit. Je lui racontai mot à
mot tout ce que vous m'aviez
dit. Il en parut frappé comme
d'un coup de foudre. Cela serait-
il vrai? Si vous en doutez, lui
dis-je, lisez ce billet. C'était
celui que madame Duvelder vous
avait écrit pour vous engager à

la venir voir ; et que vous aviez laissé tout ouvert sur votre bureau. Cette preuve incontestable de la fausseté et de l'infidélité d'Angélique lui donna , ajoutait M. Brisard , plus de joie que de douleur. C'est la première femme , me dit-il , dont j'aie été la dupe; ce sera la dernière. J'avais la sottise de croire qu'elle m'aimait ; et depuis un mois je la garde chez moi pour la mettre à l'abri de la mauvaise humeur de son époux ; mais , dès ce soir , je la lui remets pour en faire ce que bon lui semblera. On dit que c'est un bourru, et qu'elle pourra passer assez mal son temps avec lui. Malgré l'indignité de la conduite de cette femme envers moi,

je ne pus approuver celle que St.-
Firmin paraissait disposé à avoir
avec elle; et je m'y serais opposé,
si j'avais été près de lui. M. Brisard ajoutait que St.-Firmin était
désolé de s'être battu avec son
meilleur ami ponr une pareille
femme; et qu'il le priait de m'assurer qu'aussitôt que nous se-
rions vengés d'elle, il irait me
trouver à Milan, où il me sup-
pliait de l'attendre. Je n'en étais
pas extrêmement tenté; il me
semblait qu'il avait été cause de
tous mes chagrins; que c'était
son imprudence, sa légèreté, qui,
seules, avaient fait prendre à madame de Thémines le parti de
retourner à Verneuil; que, sans
lui, je serais peut être déjà l'heu-

reux époux d'Amélie ; et je ne
comptais pas m'arrêter à Milan
assez de temps pour qu'il nous
rejoignît. M. de Sangis m'approuva ; et, en effet, je ne restai
dans la capitale du Milanais, que
le temps de trouver un banquier
qui se chargeât de ma traite, dont
je ne lui demandai point le montant, remettant à le recevoir
quand il aurait touché à Paris.
Je craignais que M. Brisard ne
soutînt son dire et ne payât pas ;
ce qui en effet arriva, comme je
l'avais prévu. Au moment où nous
allions monter en voiture, je me
trouve serré dans les bras de St.-
Firmin, qui me redemanda mon
amitié, avec une si tendre affection, que je ne pus me défendre

d'y être sensible. Tu partais, me
dit-il, lorsque je cours jour et
nuit pour te rejoindre? Ah ! tu
ne désirais pas comme moi de
retrouver l'ami de ton enfance !
Ah! Eugène, je le vois bien; tu ne
m'as pas encore pardonné ma fatale erreur. Je l'assurai du contraire ; que je quittais Milan ,
parce que je n'avais pas cru qu'en
effet, il viendrait en Italie, lui
dont tant de belles raffolaient en
France. —Mais toi, dit-il, qui t'a
donné ce goût des voyages, que
je ne t'avais pas connu ! — Nous
passerons, si tu veux, la journée
ici, et je te raconterai ce qui est
la cause ds mon voyage en Italie ;
car je dois y être deux ans.

On renvoya les chevaux ; nous

montâmes dans l'appartement
que j'occupais avec Théophile
depuis que nous étions dans cette
ville. Je commandai un excellent
déjeûner ; et nous nous retrou-
vâmes comme nous avions toujours été.

Il écouta avec assez d'intérêt
tout ce que je lui dis de sa cousine ; puis il me raconta à son
tour la fin de l'aventure de madame Duvelder.

~~~~~~~~~~~~~~~~~~~~~~~~~~~~~

CHAPITRE XVII.

———

Tu sais que c'est M. Brisard,
ton honnête tuteur, qui m'a
prouvé et ton innocence et la
scélératesse du petit monstre fé-
minin que j'avais la bonhommie
de croire un modèle de constance. Muni du billet qu'elle t'avait
écrit, j'en adressai un à M. Duvelder. — Voilà ce que je n'aurais
pas voulu souffrir. Il faut, mon
ami, que justice se fasse, sans
cela ces dames se feraient un jeu
de nous faire égorger, au lieu
qu'un exemple de temps en

III.   8

temps les rend plus circonspec-
tes. J'écrivis donc à M. Duvelder qu'ayant une restitution à
lui faire, je le priais de m'in-
diquer, dans la soirée, l'heure
où il serait chez lui. Duvelder,
qui croyait sa femme à la campagne, chez sa mère, comme
elle le lui avait écrit, ne se doutait de rien. Cette restitution lui
paraissait singulière : qui se dou-
terait, disait-il, que ce fût à moi
qu'on voulût faire une restitution ! Je crains que ce Monsieur
de St.-Firmin, que je ne connais
pas (1), ne se soit trompé, qu'il

_____

(1) Cela n'a rien d'extraordinaire. Les
amis de madame n'étaient pas alors toujours connus de monsieur. J'ai rencontré

n'ait mis *recevoir* pour *deman-*
der; n'importe , je l'attendrai ce
soir à neuf heures.

Nous dînâmes , ma belle et
moi, fort gaiement ; jamais elle
ne fut plus agaçante. Quelquefois, en voyant son joli minois,
je me disais , c'est dommage de
retirer du commerce de la vie
une aussi intéressante personne ;
mais aussi que de mal elle y fera,
si on l'y laisse ! et sa perte fut
jurée.

---

dans le monde un homme qui avait été six
mois de suite souper dans une maison,
croyant la dame de la maison veuve , quoiqu'il soupât toutes les fois avec le mari.
Le hasard seul lui apprit son nom.

Le duc d'Aumont m'avait prêté sa loge à l'Opéra. Je proposai à madame Duvelder d'y venir. Elle ne demanda pas mieux. Je dis à mon cocher de rester, parce qu'il faudrait que je sortisse avant la fin du spectacle. Mon cœur, dis-je, à Angélique, j'aurais bien besoin que tu vinsses avec moi chez un maudit homme d'affaires, où tu paraîtras comme ma chaste moitié, ce qui donnera plus de confiance au cher homme pour me prêter de l'argent. — Je ne demande pas mieux, et s'il voulait que je signasse ? — Nous lui dirons que tu n'es pas majeure, et il n'aura pas de peine à le croire. Angélique n'eut aucune défiance de ce que je lui disais, et avant le ballet, je l'engageai à sortir. Mon cocher avait l'ordre de faire beaucoup de tours dans Paris, de manière à ce que madame Duvelder ne sût point où on la conduisait. La nuit était fort noire et il y avait beaucoup de brouillard, de sorte qu'Angélique ne reconnut point sa porte, et ma voiture était dans la cour, qu'elle ne se doutait pas encore d'être chez elle. Elle descend, et comme je lui donnais la main pour monter l'escalier, elle fit un cri en disant : êtes-vous fou, St.-Firmin! c'est chez moi que vous me ramenez! et mon mari, comme vous savez, est de retour. — Ne craignez rien, madame, j'ai tout prévu ; et lui remettant le billet qu'elle t'avait écrit : ce billet vous expliquera ce que ma conduite a pour vous de mystérieux. Nous étions déjà au haut des degrés. Angélique, dans le plus grand trouble, incapable de prendre un parti, se laissait entraîner dans le cabinet de son époux. La porte s'ouvre, celui-ci ne sait ce qu'il voit, en apercevant sa femme. Je profite de la surprise de l'un et de l'autre, pour dire à M. Duvelder : Madame, dont la voiture s'est cassée au moment où la mienne passait, a bien voulu accepter l'offre que je lui ai fait de la reconduire chez elle : trop heureux d'avoir pu être de quelque utilité à une aussi charmante personne; et sans leur donner le temps de répondre, je sors, franchis les degrés en un clin d'œil, monte en voiture, et suis dehors de la maison, avant seulement que les tendres époux aient pu se dire encore un mot, tant ils étaient frappés d'étonnement.

Le lendemain, voulant mettre tous les bons procédés de mon côté, je me suis fait écrire chez Angélique. On a répondu qu'elle ne recevait point. Du reste rien ne pénètre de ce qui s'est passé entre elle et son époux. Après mon départ, je crois bien qu'elle s'en sera tirée. L'honnête mari a l'air d'une assez bonne pâte d'homme, et elle est si adroite! Tant mieux, répondis-je, car ta conduite avec elle , si elle avait des suites , n'est pas louable. Quand on est convaincu de l'infidélité d'une maîtresse , il n'y a rien autre chose à faire que de l'abandonner à son malheureux sort. — Fort bien avec une femme qui craint de se compromettre, et qui pour rien au monde ne fera un éclat. Mais Angélique serait venue me réclamer , partout où elle eut pû me rencontrer. Cela aura fait des scènes désagréables. Au lieu qu'ayant mis le mari en tiers, elle n'osera faire aucune démarche dans la crainte d'ouvrir entièrement les yeux au bonhomme , qui serait bien capable de la faire mettre en lieu sûr. — C'est ce que je crains. — Il n'y aurait pas grand mal, et en vérité, c'est une faible vengeance de tout le mal qu'elle nous a fait.

Le lecteur est peut-être surpris de voir St.-Firmin si acharné à punir madame Duvelder. Il est temps de lui en dire la raison.

Dès que celui que j'avais cru si long-temps mon ami et qui se le disait encore, me sut parti, il ne s'occupa plus qu'à chercher un nouveau moyen, pour fournir ainsi que je l'avais fait jusqu'alors, à une partie de sa dépense, à laquelle son revenu ne pouvait suffire. Il perdait par mon absence une ressource toujours prompte. On a vu avec quel zèle je lui avais fait trouver de

l'argent, qu'il ne pensait en aucune manière à me rendre ; mais
le départ de madame de Thémines ne lui était pas moins fà-
cheux ; lui ayant rendu avec exac-
titude les mille louis qu'elle lui
avait prêtés, il comptait bien la
mettre de nouveau à contribu-
tion, car Jacob, l'impitoyable Jacob le persécutait pour le rem-
boursement des capitaux, dont
comme on sait, il ne payait pas
les intérêts ; il ne lui restait plus
qu'une ressource, celle d'un riche mariage dont la nouvelle fît
prendre patience aux créanciers,
jusqu'à ce qu'il fût fait et que la
dot de la femme pût les payer.
Il fallait donc donner à sa conduite une apparence de régula-

rité , et rompre avec une maîtresse déclarée , était un point
important ; voilà ce qui le rendit
si sévère avec Angélique.

CHAPITRE XVIII.

PARMI les jeunes personnes que St.-Firmin rencontrait dans la société, il n'en avait point encore vu de comparable à une qu'il trouva au Ranelagh d'hiver. Elle était avec sa mère et un jeune homme qui paraissait son frère, car il lui ressemblait. La beauté de cette jeune personne l'avait tellement frappé, qu'il sut son nom dès le soir : quelle fut sa surprise, en apprenant que c'était Lesbie de Méodas ! cette Lesbie qu'il avait prétendu être

laide, maussade... cette Lesbie...
lui avait fait éprouver le seul
sentiment qui eût atteint son
cœur, ou plutôt elle lui eût fait
connaître qu'il en avait un. Alors
plus de repos, qu'il ne l'eût ob-
tenue! Mais comment arriver jusqu'à elle. Il pouvait craindre,
(son âme était incapable de de-
viner la mienne,) que je ne l'eusse
peint sous des couleurs désavan-
tageuses à mon oncle. Il ignorait
si je l'avais vu ou non. Il fallait
qu'il s'assurât de la disposition
où j'étais à son égard : mais comment oser venir à Verneuil ? il
était assez mal avec sa cousine,
qui lui en voulait de m'avoir lié
avec Angélique. Enfin il était
dans cette perplexité, lorsque

M. Brisard allant chez lui, apprit que j'étais en Piémont, et devais sous peu me rendre à Milan. Le billet de madame Duvelder lui parut une cause naturelle de rupture, et la rupture avec la femme qui avait causé notre combat, un moyen de réconciliation. Après cela, la pauvre Angélique fut sacrifiée, et le départ pour l'Italie arrêté.

Il ne tarda pas à me faire part de son amour pour ma cousine, je l'en félicitai et je lui souhaitai toute sorte de succès. — Je n'en puis espérer, mon cher, que si tu ne m'aides de deux manières bien importantes; mais puis je l'espérer, et es-tu toujours pour moi ce bon Eugène, qui m'a

rendu tant et de si grands services ? — Toujours, lui dis-je. —
Eh bien ! écris pour moi deux
lettres, une à ton oncle, où tu
lui peindras ton ami sous les
couleurs les plus avantageuses,
l'autre à Jacob, pour qu'il me
donne une vingtaine de mille
francs qui me sont nécessaires,
jusqu'au mariage que tu lui mar-
queras être une chose faite ; et
en vérité, ce ne peut être autre-
ment, lorsqu'appuyé par toi, je
me présenterai avec les avantages que la nature, le rang et la
fortune m'ont donnés. — Je n'en
doute point, répondis-je ; aussi
écrirai-je à mon oncle avec grand
plaisir, et j'en aurai un extrême

à t'appartenir; mais pour Jacob,
impossible que je lui écrive. Il
n'y a pas plus de huit jours que j'ai
fait passer à mon tuteur la note
exacte de ce que je dois au juif,
pour qu'il l'acquitte en deux
ans. Tu juges d'après cela que je
ne puis contracter d'autre dette,
et que d'ailleurs le fripon à qui le
tuteur aura parlé fort et ferme,
ne sera pas tenté de s'exposer à
une querelle. Ainsi il n'y a rien
à faire de ce côté. En ce cas, reprit St.-Firmin, il me faut mourir, car comment vivre sans l'espoir d'être à Lesbie; je ne puis
retourner à Paris sans certitude
d'argent : le séjour d'Angélique
chez moi m'a ruiné : mon oncle

est absent, il a emmené sa maison. J'ai été obligé, tout le temps que cette femme a été chez moi, de tenir la mienne. Ce sont là de ces dettes qu'on ne peut reculer, On doit dix mille fr. à son sellier, le double à son tailleur, on ne paye point les gages de ses gens : mais devoir à des fournisseurs, c'est impossible. On ne peut entrer dans ces détails, les noms seuls en sont ignobles. Un boulanger, un marchand de vin, jamais je ne pourrai me résoudre à me trouver en face avec ces coquins-là, et ils auront l'insolence d'assiéger ma porte, si je ne les paye pas. — Je conçois que c'est fort désagréable : mais moi-même je suis assez mal à mon aise. J'ai emporté cinq cents louis en partant de Paris : j'avais écrit à M. Brisard que je tirerais sur lui une pareille somme , il m'a vite répondu que je m'en gardasse bien, qu'il ne pourrait y faire honneur. — Bon , et par quelle raison? Je l'ignore.—Et tu t'en es tenu là? — Il le faut bien, j'attends une autre lettre , mais s'il ne le veut pas, je serai réduit à vendre le reste des diamans de ma mère. — Les as-tu ? — Oui; j'ouvris ma cassette et j'en tirai l'écrin. St. Firmin le regarda d'une manière assez indifférente. — Cela peut valoir de vingt-quatre à vingt-cinq mille

livres , mais tu n'en auras pas
quinze ici ; un Français de notre
rang, qui veut vendre des diamans, fait voir si clairement que
ce ne peut être que par un grand
besoin d'argent, que les fripons
de joailliers s'entendent , et n'en
donnent pas plus de moitié de
la valeur. Si tu voulais , je te
rendrais le service de les reporter
à Paris , je les vendrais, et je t'en
renverrais le prix. — Cela serait
peut-être fort bien fait, et aurait
un double avantage , celui de te
procurer aussi l'argent qui t'est
nécessaire. — Oh ! le ciel m'en
préserve , tu as besoin de ces
fonds. — La moitié me suffit ,
prends le surplus pour éteindre

les dettes qui te contrarient, et je t'assure que ce sera pour moi une véritable satisfaction. St. - Firmin se fit vivement presser pour une chose qu'il désirait beaucoup, et enfin y consentit. Comme son ami pouvait avoir un besoin urgent de cet argent, il s'arracha, disait-il, au bonheur d'être auprès de lui pour être plutôt à Paris et lui expédier plus promptement ses fonds.

M. de Sangis, tout abandonné à l'amour des arts, avait laissé St. - Firmin entièrement libre d'obtenir de moi ce qu'il voulait, et ne sut pas un mot de l'affaire des diamans, à laquelle il se serait sûrement opposé, car il en

connaissait parfaitement la valeur, et n'aurait pas souffert que
je me fusse défait pour vingt-cinq
mille fr. de ce qui en valait plus
de soixante.

CHAPITRE XIX.

SAINT-FIRMIN, muni d'une lettre de moi à mon oncle, et de mes diamans, commença par vendre ceux-ci en arrivant à Paris, et me renvoya une traite sur Florence de douze mille livres. On a su depuis qu'il les avait vendus cinquante mille livres. C'était une grande friponnerie, mais il n'était pas à son coup d'essai ; d'ailleurs, j'imagine qu'il avait la bonté de me mettre au rang des créanciers qu'il devait payer sur la dot de Lesbie ; et j'avais

bien intention de n'en rien accepter, voulant que ce fût mon
présent de noces. Je ne doutais
pas que ce mariage n'eût lieu,
car j'étais à mille lieues de croire
que l'aimable Lesbie daignât
s'occuper de moi; et que serais-
je devenu, si, moins constante,
elle eût consenti à recevoir les
vœux de St.-Firmin !...

Dès que ce tendre ami eut mis
en règle ses affaires avec mon
aïeul, il se rendit à Passy, sur
le plus beau cheval andalou, et
suivi d'un chasseur dont l'habit
était couvert de galons d'or, le
chapeau surmonté d'un panache
de deux pieds de haut, et montant un cheval presque aussi
beau que celui de son maître.

M. de Méodas sortait de table.
Lafleur, car c'était toujours le
fidèle confident de St.-Firmin,
demanda si mon oncle était vi-
sible. On fait passer St.-Firmin
dans un cabinet, où M. de Méodas ne tarda pas à le joindre.

—J'arrive de Milan, monsieur,
où j'ai laissé Eugène en très-
bonne santé; il m'a chargé, pour
vous, d'une lettre, que je vous
apporte : Quoi ! dit mon oncle ;
c'est la première qu'il m'ait
écrite. Par quel hasard ? Et il
rompit le cachet. Après l'avoir
parcourue, il jeta les yeux sur
St.-Firmin ; et, comme il me l'a
dit, en me racontant cette entre-
vue, il le trouva un fort bel
homme ; son air était noble et

spirituel ; et qu'on y joigne tout le bien que je disais de lui, un nom connu et trente mille livres de rentes, car on ne parla pas des dettes : c'était chose inutile suivant St.-Firmin.

M. de Méodas trouva donc ce parti sortable ; mais il fallait qu'il convînt à sa fille. Il ne fit qu'une réponse polie et nullement positive, et engagea St.-Firmin à venir dîner le lendemain. Celui-ci m'écrivit où en étaient ses affaires, et me pria d'entretenir en sa faveur une correspondance suivie avec mon oncle, qui m'avait répondu d'une manière fort aimable. Je reçus cette lettre en même temps que sa traite sur

III.   9

un banquier de Florence ; je la
fis voir à mon compagnon de
voyage, sans lui dire d'où me
venait cet argent. Il crut que
M. Brisard avait réfléchi qu'il
ne pouvait me refuser cette somme sans s'exposer à me donner
de l'humeur. Nous partîmes pour
la Toscane, où je reçus enfin réponse de mon tuteur.

C'était une véritable lamenta-
tion ; comment, disait-il, plus
de cent mille livres de dettes
usuraires, lorsque je payais tout
ce que vous dépensiez ! Ah ! Eugène, ne vous fiez pas à votre
fortune. Si vous faites souvent
de pareilles écoles, vous la verrez bientôt anéantie ; et malgré

l'amour que madame de Thémines a pour vous, elle pourrait bien, si elle apprend votre
dérangement, changer de projets. Malheureusement je ne
puis venir à votre secours ; tous
vos fonds sont placés ; l'argent
est fort rare et à un taux exor-
bitant. Je vous conseille donc,
pour terminer cette affaire le
plus tôt possible, de m'envoyer
l'écrin de madame votre mère,
qui, après ce que vous avez si
imprudemment confié à ce juif,
est encore un objet de plus de
soixante mille livres. Je le ven-
drai ; ayant l'argent nécessaire,
je retirerai ceux qui sont dans
les mains de Jacob, et rien ne

sera perdu. Mais, surtout, n'ou-
bliez pas de m'envoyer la reconnaissance, afin de n'avoir aucune difficulté avec cet homme.
Il termina sa lettre, comme il
l'avait commencée, par un ser-
mon aussi ennuyeux qu'inutile.
Je lui répondis, avec beaucoup
de hauteur, qu'il eût à payer
Jacob et à retirer mes diamans,
ou que j'écrirais à M. de Méodas,
pour le prier de me rendre ce service, et en même temps de prendre connaissance de ma fortune,
qui, malgré ce que M. Brisard
pouvait dire, ne devait pas être
dérangée par une seule année en
arrière.

La colère où j'étais contre

M. Brisard ne me permit pas de faire attention à la différence qui se trouvait entre l'évaluation que mon tuteur faisait de mes dia-mans, avec le prix que préten-dait en avoir tiré M. de Saint-Firmin. Je n'y réfléchis que long-temps après ; et fatigué de ces tracasseries d'argent, m'en voyant assez pour continuer mon voyage, je résolus de ne pas même ouvrir les lettres de Bri-sard, bien persuadé qu'il ne s'ex-poserait pas à avoir à rendre compte à M. de Méodas de son administration, et qu'il paierait Jacob. Du reste, je me livrai sé-rieusement à l'étude, et je ne doutais pas que M. de Sangis ne

rendît de moi un compte avantageux à celle dont la pensée
charmait tous les instans de ma
vie.

CHAPITRE XX.

Mon séjour en Italie offre si peu
d'événemens, que je suis obligé,
pour remplir cet espace, de ra-
mener mon lecteur à Paris, où
l'on s'occupait beaucoup plus de
moi que je ne m'occupais de ceux
que j'y avais laissés.

Jacob ne me voyant plus, se
rendit à l'hôtel, et me demanda.
Fribourg l'assura que j'étais parti
pour l'Italie. — Parti ! Et qui me
paiera les cent mille francs qu'il
me doit ? Fribourg le toisant des
pieds à la tête, et admirant son

habit noir , dont les coutures
étaient rattachées, dans quelques
endroits, d'un fil blanc, ses mauvais bas rapiécés , sa perruque
rousse dont on voyait la tresse ,
son petit chapeau sous le bras ,
et sa canne à pomme de cuivre
doré. — *Mon maître fous doit cent
mille livres ; fous en avez menti
cent mille fois ;* et , le poussant
rudement par les épaules , il le
mit à la porte , qu'il referma sur
lui.

On se rappelle que Jacob était
assez colère de son naturel ; un
pareil procédé eût ému la bile
d'un sage ; à plus fortes raisons
celle de l'Israélite. Il juroit donc
de toutes ses forces , quand M.
Brisard vint pour rentrer chez

moi. La figure de Jacob en colère lui parut bizarre. Il lui demanda contre qui il se fâchait si fort. Contre tout le monde, reprit le juif. Je suis volé, ruiné, anéanti. J'ai prêté cent mille francs à un jeune homme. Il est parti pour l'Italie ; je n'ai que des billets de lui ; et qui me les paiera ? Moi, Monsieur. — Ah ! c'est parler, cela.

Vous êtes donc ce M. Brisard ; ce tuteur avare, qui refusait à ce pauvre jeune homme ce dont il avait le plus besoin. Mais enfin, si vous payez à présent, il n'y a rien à dire. Heureusement que M. de Nerval s'est adressé à moi, et que je n'ai point abusé de sa situation. — C'est ce que nous verrons , dit Brisard , en faisant entrer l'enfant d'Abraham , et le menant directement dans son cabinet. — Asseyez·vous, Monsieur; et voyons quelles sont vos prétentions.

Alors, Jacob tira une grande pancarte , portant les dates de tous mes billets, et point d'intérêts , parce que jusqu'à ce moment , ils avaient toujours été confondus avec le principal. Brisard prit aussi ma note, confronta les dates et le montant; tout se trouva conforme. Il n'y a plus , M. Jacob , qu'une chose dont il faut convenir avec moi. Vous avez reçu en nantissement

un médaillon et deux agraffes
valant quatre vingt mille francs.
—Moi, Monsieur ! Qui a pu in-
venter une semblable imposture?
J'ai toujours prêté à M. de Nerval, sur son simple billet ; et je
ne sais pas ce que vous voulez
dire.

— Prenez garde, M. Jacob : il
est de certaines gens à qui l'on
ne peut pas mentir impunément.
Quand un exempt de police vous
tiendra au collet, vous avouerez
la vérité, et cela aura des suites
désagréables ; il vaudrait mieux
convenir avec moi : je vous rendrai votre argent ; rendez les diamans. — Je ne sais ce que vous
voulez dire. — On vous le fera

savoir. Je vous laisse jusqu'à demain pour faire vos réflexions. Votre argent est prêt : rapportez les diamans, je vous compterai le montant des billets, et vous donnerai toutes les décharges nécessaires à votre tranquillité : mais si demain les diamans ne sont pas ici, j'obtiens un ordre, et je vous fais enfermer à Bicêtre. — Je ne crois pas, Monsieur, que cela arrive ; et vous pourrez bien vous repentir du ton dont vous me parlez. Ils se séparèrent fort mécontens l'un de l'autre.

C'est de cette scène que mon tuteur me rendait compte. Ses lettres n'ont été ouvertes que plus d'un an après. Je ne sus rien de ce qu'elles conte- naient ; mais je ne m'en embar- rassais guère.

———

CHAPITRE XXI.

J'ouvrai les lettres de St.-Firmin , non que je prisse à lui beaucoup d'intérêt , mais parce qu'il me parlait de madame de Thémines, et soutenait mes espérances. Les siennes étaient bien faibles. Lesbie avait déclaré qu'elle ne se marierait qu'après mon retour. Quelle fantaisie! me disais-je. Ne sait elle pas que je dois épouser madame de Thémines? que prétend-elle? Saint-Firmin en était plus amoureux que jamais. Il me disait qu'il avait obtenu la permission d'aller tous les jours à Passy ; que M. et madame de Méodas le recevaient à merveille ; mais que Patrice et Lesbie avaient à peine pour lui les égards de la politesse ; qu'il employait tous ses soins pour plaire sans y réussir. Il ne concevait pas ce qu'était devenue son étoile. Ah ! mon ami, (c'est ainsi qu'il terminait une de ses lettres) , pourquoi ai je vu Lesbie ! Jusque-là je bravais l'amour et je défiais sa puissance; mais je ne savais pas qu'il existât une créature céleste , dont les regards portent le trouble dans les cœurs les plus fiers.

Prends garde à toi, Eugène : si jamais tu la vois avant d'être uni à Amélie, crains d'être infidèle à la dame de tes pensées. Je ris de cette crainte ; elle me parut celle d'un amant jaloux ; et je me promis de ne point lui en donner occasion, bien sûr toutefois que rien ne pourrait balancer dans mon cœur mon adorable amie.

J'en avais reçu plusieurs fois des lettres charmantes. Elle restait à Verneuil, et ne viendrait à Paris que lorsque j'y serais. Je lui envoyais très-exactement le journal de mon voyage; elle en paraissait contente, et je l'étais beaucoup du guide qu'elle m'a-

vait donné ; c'était le meilleur
homme du monde , sujet seulement à quelques distractions.

Je me rappelle toujours qu'é-
tant à Rome , nous devions partir pour Naples , où nous nous
rendions par mer. Nous étions
venu le matin à Civita Vecchia.
Le vaisseau était à la rade et prêt
à lever l'ancre. Théophile était
avec moi ; il me dit, je vais revenir. On l'attend , il ne revient
point ; le vaisseau va partir ; et
moi , ne voulant point laisser
M. de Sangis seul à Rome , je
fais débarquer mes effets par
mes gens, et j'y retourne ; je ne
suis rien moins que surpris de
retrouver mon ami Théophile en

admiration devant la colonne
trajane. — Ah ! me dit-il, vous
voilà revenu ; j'allais vous joindre. — Il n'est plus temps ; le
vaisseau est parti : j'en suis fâché ; cela vous dérange ; mais je
voulais revoir ce bas-relief ; voyez
comme ce cheval est beau ! c'est
dessiné à ravir. Et si je l'en avais
cru, il serait encore resté là quelques heures. Pour moi, je préfé-
rai de rentrer à notre hôtel, où
enfin il voulut bien me suivre.
Il nous fallut passer quinze jours
de plus à Rome, parce qu'il n'y
avait pas de vaisseau dans le port
le plus voisin qui fît voile pour
Naples.

Je reçus avant de m'embar-

quer mes lettres de France. Une
de M. Brisard, que je mis toute
cachetée dans mon porte-feuille;
une de St.-Firmin, qui ne me
parlait que de ses malheurs en
amour. Lesbie ne l'honorait pas
d'un regard, quoiqu'il eût l'aveu
de ses parens; cependant il ne
perdait point courage. Mon oncle
avait fait venir tous ses enfans
de Saint-Domingue; ils arrivaient
à Lorient; et Lesbie partait avec
ses parens pour aller au devant
de ses frères et sœurs. St. Firmin
devant être du voyage, dans le-
quel on irait voir une fort belle
terre que mon oncle avait ache-
tée près de Blois. Il me disait
qu'elle était titrée; que M. de

Méodas en prenait le nom , et il
me l'apprenait : mais comme St.-
Firmin écrivait très-vite et assez
mal , il me fut impossible de lire
ce nom.

FIN DU TROISIÈME VOLUME.

www.ingramcontent.com/pod-product-compliance
Lightning Source LLC
Chambersburg PA
CBHW071941090426
42740CB00011B/1771